U0449064

小学生要知道的中国文化常识

芥子国童书馆 —————————— 编著

山东人民出版社·济南
国家一级出版社 全国百佳图书出版单位

图书在版编目（CIP）数据

小学生要知道的中国文化常识 / 芥子国童书馆编著.
济南：山东人民出版社，2024. 6. -- ISBN 978-7-209
-15180-1

Ⅰ. K203-49

中国国家版本馆CIP数据核字第2024KB0836号

小学生要知道的中国文化常识
XIAOXUESHENG YAO ZHIDAO DE ZHONGGUO WENHUA CHANGSHI

芥子国童书馆　编著
责任编辑：张波　特约编辑：王世琛　装帧设计：末末美书

主管单位　山东出版传媒股份有限公司
出版发行　山东人民出版社
出 版 人　胡长青
社　　址　济南市市中区舜耕路517号
邮　　编　250003
电　　话　总编室（0531）82098914
　　　　　市场部（0531）82098027
网　　址　http://www.sd-book.com.cn
印　　装　天津联城印刷有限公司
经　　销　新华书店

规　　格　32开（145mm×210mm）
印　　张　12.75
字　　数　230千字
版　　次　2024年6月第1版
印　　次　2024年6月第1次
ISBN 978-7-209-15180-1
定　　价　68.80元
　　　　　如有印装质量问题，请与出版社总编室联系调换。

前言

常识是我们理解世界和人类行为的钥匙；

常识是我们提升认知和思考能力的基石；

常识是每个人都应该知道的知识。

  本书浓缩胡适、林徽因、吕思勉、曹伯韩、陈师曾、潘伯鹰、吴晗、郑振铎八位著名学者的思想精华，结合小学阶段的学习特点，编选出365则小学生要知道的中国文化常识。

  本书内容涉及哲学、历史、文学、科技、艺术等学科，与小学生的学习与生活息息相关。

  对小学生而言，了解中国文化常识中"有什么"十分重要。中国有哪些传统礼仪，"仁""义""礼""智""信"指的是什么，汉字是怎么来的，第一部词典、文选、史书分别是什么，古代有哪些著名的文学家、哲学家、名臣、名将，什么是星宿、节气、天干、地支，中国有哪些著名的书法家，中国有哪些为人称赞的艺术作品……这些问题都能在本书中找到答案。

本书采用每天一页的形式，以生动的语言对每一则中国文化常识进行了明确的讲解，搭配插图以及趣味问答、背一背、想一想等模块，让小学生在开心阅读的同时学会思考和总结。

我们希望本书能够让小学生在收获知识之余，感受到中国文化的博大精深，激发他们探索中国文化的兴趣。

本书在编辑和修订的过程中得到了多位资深学者和一线教师的帮助，在此一并致以衷心的感谢。

著名学者都是谁？

胡适
（1891—1962）

字适之，安徽绩溪人。曾任北京大学校长、西南联合大学文学院院长等职。在国际上，获得30多个名誉学位以及多个大学和机构颁发的奖项。他著述丰富，在文学、哲学、史学、考据学、教育学、伦理学、红学等领域都有较深研究并开风气之先，是中国新文化运动的领袖之一。

林徽因
（1904—1955）

又名徽音，福建闽侯（今福建福州）人。曾任清华大学教授、中国建筑学会理事，是中国著名的建筑学家、作家。曾参与中华人民共和国国旗、国徽和人民英雄纪念碑的设计工作，对中国古建筑的保护及研究做出了不可磨灭的贡献。

吕思勉
（1884—1957）

字诚之，江苏武进（今江苏常州）人。中国近代历史学家，代表作有《白话本国史》《吕著中国通史》《先秦史》《秦汉史》《两晋南北朝史》《隋唐五代史》《吕思勉读史札记》《宋代文学》《先秦学术概论》《中国民族史》《中国制度史》《文字学四种》等。

曹伯韩
（1897—1959）

湖南长沙人，当代著名语言学家。著作有《语法初步》《极简世界史》《语文问题评论集》《中国文字的演变》《怎样求得新知识》《国学常识》《民主浅说》《通俗社会科学二十讲》等。

陈师曾
（1876—1923）

原名衡恪，字师曾，号朽道人、槐堂。江西南昌义宁（今江西修水）人，著名美术家、艺术教育家。善诗文、书法，尤长于绘画、篆刻。著作有《中国绘画史》《染仓室印集》《陈师曾先生遗墨集》《陈师曾先生遗诗》等。

潘伯鹰
（1904—1966）

原名式，字伯鹰，号凫公，晚年又号有发翁、却曲翁，别署孤云，安徽安庆人。书法家、诗人、小说家。著有《人海微澜》《隐刑》《强魂》《雅莹》《残羽》《蹇安五记》《书法杂论》《中国的书法》《中国书法简论》等。

吴晗
（1909—1969）

原名春晗，字辰伯，浙江义乌人，中国历史学家。曾任云南大学教授、西南联合大学教授、清华大学教授、北京市副市长、中国科学院哲学社会科学部学部委员等职。

郑振铎
（1898—1958）

笔名西谛、郭源新，出生于今浙江温州，原籍福建长乐。中国当代作家、文学史家。曾任国家文物局局长、中国科学院考古研究所所长，著有《中国俗文学史》《文学大纲》等。

目录

了不起的中国

第 1 天 ◆ "中国"是怎么来的 —— 002
第 2 天 ◆ 北京有多少个名字 —— 003
第 3 天 ◆ 五十六个民族有哪些 —— 004
第 4 天 ◆ 五湖四海是什么 —— 005
第 5 天 ◆ 十大名山是什么 —— 006

我们的传统礼仪

第 6 天 ◆ 吃饭有什么讲究 —— 008
第 7 天 ◆ 站坐有什么讲究 —— 009
第 8 天 ◆ 待客有什么讲究 —— 010
第 9 天 ◆ 行礼有什么讲究 —— 011
第 10 天 ◆ 做客有什么讲究 —— 012
第 11 天 ◆ 宴席有什么讲究 —— 013
第 12 天 ◆ 喝茶有什么讲究 —— 014
第 13 天 ◆ 生日有什么讲究 —— 015
第 14 天 ◆ 使用筷子有什么讲究 —— 016
第 15 天 ◆ 谦称有什么讲究 —— 017
第 16 天 ◆ 敬称有什么讲究 —— 018
第 17 天 ◆ 新年有什么讲究 —— 019
第 18 天 ◆ 清明有什么讲究 —— 020
第 19 天 ◆ 重阳有什么讲究 —— 021
第 20 天 ◆ 孩子满月有什么讲究 —— 022

我们的传统美德

第 21 天 ◆ 什么是"仁" —— 024
第 22 天 ◆ 什么是"义" —— 025
第 23 天 ◆ 什么是"礼" —— 026
第 24 天 ◆ 什么是"智" —— 027
第 25 天 ◆ 什么是"信" —— 028
第 26 天 ◆ 什么是"孝" —— 029
第 27 天 ◆ 什么是"悌" —— 030
第 28 天 ◆ 什么是"忠" —— 031
第 29 天 ◆ 什么是"廉" —— 032
第 30 天 ◆ 什么是"耻" —— 033

第 31 天 ◆ 什么是"谦" —— 034
第 32 天 ◆ 什么是"勤" —— 035
第 33 天 ◆ 什么是"好学" —— 036
第 34 天 ◆ 什么是"自强" —— 037
第 35 天 ◆ 什么是"务实" —— 038

有趣的汉字

第 36 天 ◆ 汉字从何而来 —— 040
第 37 天 ◆ 字体是怎么演变的 —— 041
第 38 天 ◆ 什么是汉字造字法 —— 042
第 39 天 ◆ 什么是象形字 —— 043
第 40 天 ◆ 什么是指事字 —— 044
第 41 天 ◆ 什么是会意字 —— 045
第 42 天 ◆ 什么是假借字 —— 046
第 43 天 ◆ 什么是形声字 —— 047
第 44 天 ◆ 什么是转注字 —— 048
第 45 天 ◆ 五花八门的"睡" —— 049
第 46 天 ◆ 五花八门的"坐" —— 050
第 47 天 ◆ 五花八门的"我" —— 051

有趣的成语

第 48 天 ◆ 东施效颦 —— 053
第 49 天 ◆ 风吹草动 —— 054
第 50 天 ◆ 郑人买履 —— 055
第 51 天 ◆ 守株待兔 —— 056
第 52 天 ◆ 口若悬河 —— 057
第 53 天 ◆ 洛阳纸贵 —— 058
第 54 天 ◆ 毛遂自荐 —— 059
第 55 天 ◆ 南柯一梦 —— 060
第 56 天 ◆ 破镜重圆 —— 061
第 57 天 ◆ 请君入瓮 —— 062
第 58 天 ◆ 按图索骥 —— 063
第 59 天 ◆ 抱薪救火 —— 064
第 60 天 ◆ 对牛弹琴 —— 065
第 61 天 ◆ 夜郎自大 —— 066
第 62 天 ◆ 画饼充饥 —— 067
第 63 天 ◆ 叶公好龙 —— 068
第 64 天 ◆ 一叶障目 —— 069
第 65 天 ◆ 画龙点睛 —— 070

有趣的文学常识

第 66 天 ◆ 什么是诸子百家 —— 072
第 67 天 ◆ 什么是辞赋 —— 073
第 68 天 ◆ 什么是建安文学 —— 074
第 69 天 ◆ 什么是吴声歌曲 —— 075
第 70 天 ◆ 什么是骈文 —— 076
第 71 天 ◆ 什么是全唐诗 —— 077
第 72 天 ◆ 什么是花间派 —— 078
第 73 天 ◆ 什么是小说 —— 079

第 74 天 ◆ 第一部词典是什么 —— 080
第 75 天 ◆ 第一部诗歌总集是什么 —— 081
第 76 天 ◆ 第一部文选是什么 —— 082
第 77 天 ◆ 第一部字典是什么 —— 083
第 78 天 ◆ 第一部国别体史书是什么 — 084
第 79 天 ◆ 第一部纪传体断代史是什么 —— 085

了不起的文学大家

第 80 天 ◆ 原来屈原是贵族 —— 087
第 81 天 ◆ 原来宋玉创造了"下里巴人" —— 088
第 82 天 ◆ 原来刘向是目录学鼻祖 — 089
第 83 天 ◆ 原来陶渊明是田园诗鼻祖 — 090
第 84 天 ◆ 原来曹植写下了《七步诗》 —— 091
第 85 天 ◆ 原来蔡邕是蔡文姬之父 — 092
第 86 天 ◆ 原来李白是剑客 —— 093
第 87 天 ◆ 原来韩愈是"文章巨公" —— 094
第 88 天 ◆ 原来杜甫是"旅游达人" —— 095
第 89 天 ◆ 原来苏轼是美食家 —— 096
第 90 天 ◆ 原来王安石是改革家 —— 097
第 91 天 ◆ 原来欧阳修是三朝元老 —— 098
第 92 天 ◆ 原来关汉卿是"元曲四大家"之首 —— 099
第 93 天 ◆ 原来汤显祖是"东方莎士比亚" —— 100
第 94 天 ◆ 原来孔尚任是孔子后人 — 101
第 95 天 ◆ 原来蒲松龄是小说王 —— 102

了不起的名篇佳作

第 96 天 ◆ 了不起的《史记》 —— 104
第 97 天 ◆ 了不起的《战国策》 —— 105
第 98 天 ◆ 了不起的《桃花源记》 —— 106
第 99 天 ◆ 了不起的《滕王阁序》 —— 107
第 100 天 ◆ 了不起的《阿房宫赋》 — 108
第 101 天 ◆ 了不起的《岳阳楼记》 — 109
第 102 天 ◆ 了不起的《东京梦华录》 —— 110
第 103 天 ◆ 了不起的《拜月亭》 —— 111
第 104 天 ◆ 了不起的《水浒传》 —— 112
第 105 天 ◆ 了不起的《西厢记》 —— 113
第 106 天 ◆ 了不起的《西游记》 —— 114
第 107 天 ◆ 了不起的《聊斋志异》 — 115
第 108 天 ◆ 了不起的《儒林外史》 —— 116
第 109 天 ◆ 了不起的《红楼梦》 —— 117
第 110 天 ◆ 了不起的《镜花缘》 —— 118

了不起的历史

第 111 天 ◆ 远古时代 —— 120

| 第 112 天 ◆ 上古时代 —— 121
| 第 113 天 ◆ 夏商周 —— 122
| 第 114 天 ◆ 春秋时期 —— 123
| 第 115 天 ◆ 战国时期 —— 124
| 第 116 天 ◆ 秦朝 —— 125
| 第 117 天 ◆ 汉朝 —— 126
| 第 118 天 ◆ 魏晋南北朝时期 —— 127
| 第 119 天 ◆ 隋朝 —— 128
| 第 120 天 ◆ 唐朝 —— 129
| 第 121 天 ◆ 五代十国 —— 130
| 第 122 天 ◆ 宋朝 —— 131
| 第 123 天 ◆ 元朝 —— 132
| 第 124 天 ◆ 明朝 —— 133
| 第 125 天 ◆ 清朝 —— 134

五花八门的历史制度

| 第 126 天 ◆ 五花八门的土地制度 —— 136
| 第 127 天 ◆ 五花八门的赋税制度 —— 137
| 第 128 天 ◆ 五花八门的征兵制度 —— 138
| 第 129 天 ◆ 什么是分封制 —— 139
| 第 130 天 ◆ 什么是三公九卿制 —— 140
| 第 131 天 ◆ 什么是三省六部 —— 141
| 第 132 天 ◆ 什么是科举制 —— 142
| 第 133 天 ◆ 什么是八旗制 —— 143

著名的历史典故

| 第 134 天 ◆ 问鼎中原 —— 145
| 第 135 天 ◆ 卧薪尝胆 —— 146
| 第 136 天 ◆ 门庭若市 —— 147
| 第 137 天 ◆ 围魏救赵 —— 148
| 第 138 天 ◆ 胡服骑射 —— 149
| 第 139 天 ◆ 完璧归赵 —— 150
| 第 140 天 ◆ 将相和 —— 151
| 第 141 天 ◆ 窃符救赵 —— 152
| 第 142 天 ◆ 图穷匕见 —— 153
| 第 143 天 ◆ 破釜沉舟 —— 154
| 第 144 天 ◆ 约法三章 —— 155
| 第 145 天 ◆ 鸿门宴 —— 156
| 第 146 天 ◆ 破赵之战 —— 157
| 第 147 天 ◆ 苏武牧羊 —— 158
| 第 148 天 ◆ 挂印封金 —— 159
| 第 149 天 ◆ 三顾茅庐 —— 160
| 第 150 天 ◆ 草船借箭 —— 161
| 第 151 天 ◆ 空城计 —— 162
| 第 152 天 ◆ 闻鸡起舞 —— 163
| 第 153 天 ◆ 乘风破浪 —— 164
| 第 154 天 ◆ 杯酒释兵权 —— 165
| 第 155 天 ◆ 程门立雪 —— 166

了不起的女性

第 156 天 ◆ 西汉才女卓文君 —— 168

第 157 天 ◆ 续写《汉书》的班昭 —— 169

第 158 天 ◆ 命途多舛的蔡文姬 —— 170

第 159 天 ◆ 预言家辛宪英 —— 171

第 160 天 ◆ 远嫁吐蕃的文成公主 —— 172

第 161 天 ◆ 正统女皇武则天 —— 173

第 162 天 ◆ 第一才女李清照 —— 174

第 163 天 ◆ 纺织专家黄道婆 —— 175

第 164 天 ◆ 女科学家王贞仪 —— 176

第 165 天 ◆ 巾帼英雄秋瑾 —— 177

有名的历史事件

第 166 天 ◆ 商鞅变法 —— 179

第 167 天 ◆ 党锢之祸 —— 180

第 168 天 ◆ 黄巾起义 —— 181

第 169 天 ◆ 赤壁之战 —— 182

第 170 天 ◆ 八王之乱 —— 183

第 171 天 ◆ 玄武门之变 —— 184

第 172 天 ◆ 安史之乱 —— 185

第 173 天 ◆ 黄巢起义 —— 186

第 174 天 ◆ 白马之祸 —— 187

第 175 天 ◆ 陈桥兵变 —— 188

第 176 天 ◆ 澶渊之盟 —— 189

第 177 天 ◆ 靖难之役 —— 190

第 178 天 ◆ 郑和下西洋 —— 191

第 179 天 ◆ 土木之变 —— 192

第 180 天 ◆ 鸦片战争 —— 193

第 181 天 ◆ 洋务运动 —— 194

第 182 天 ◆ 公车上书 —— 195

第 183 天 ◆ 戊戌变法 —— 196

第 184 天 ◆ 武昌起义 —— 197

第 185 天 ◆ 辛亥革命 —— 198

了不起的历史人物

第 186 天 ◆ 治水名人大禹 —— 200

第 187 天 ◆ 周朝奠基人周文王 —— 201

第 188 天 ◆ 开国元勋姜子牙 —— 202

第 189 天 ◆ 华夏第一相管仲 —— 203

第 190 天 ◆ 孙武是孙子 —— 204

第 191 天 ◆ 法家代表商鞅 —— 205

第 192 天 ◆ 统一全国秦始皇 —— 206

第 193 天 ◆ 起义领袖陈胜 —— 207

第 194 天 ◆ 还定三秦韩信 —— 208

第 195 天 ◆ 开创盛世汉武帝 —— 209

第 196 天 ◆ 史学大家司马迁 —— 210

第 197 天 ◆ 智者忠臣诸葛亮 —— 211

第 198 天 ◆ 能文能武辛弃疾 —— 212

第 199 天 ◆ 宋末三杰文天祥 —— 213

第 200 天 ◆ 大科学家郭守敬 —— 214
第 201 天 ◆ 民族英雄郑成功 —— 215
第 202 天 ◆ 一代医圣李时珍 —— 216
第 203 天 ◆ 清正廉明刘墉 —— 217

了不起的哲学思想

第 204 天 ◆ 道生万物 —— 219
第 205 天 ◆ "无为"与"有为" —— 220
第 206 天 ◆ 庄周梦蝶 —— 221
第 207 天 ◆ "性善"与"性恶" —— 222
第 208 天 ◆ 兼爱非攻 —— 223
第 209 天 ◆ 名实之辩 —— 224
第 210 天 ◆ 为我主义 —— 225
第 211 天 ◆ 制天命而用之 —— 226
第 212 天 ◆ 格物致知 —— 227
第 213 天 ◆ 上善若水 —— 228
第 214 天 ◆ 知行合一 —— 229
第 215 天 ◆ 经世致用 —— 230

了不起的哲学家

第 216 天 ◆ 老子 —— 232
第 217 天 ◆ 孔子 —— 233
第 218 天 ◆ 墨子 —— 234
第 219 天 ◆ 杨朱 —— 235
第 220 天 ◆ 孟子 —— 236
第 221 天 ◆ 庄子 —— 237
第 222 天 ◆ 荀子 —— 238
第 223 天 ◆ 周敦颐 —— 239
第 224 天 ◆ 程颐 —— 240
第 225 天 ◆ 朱熹 —— 241
第 226 天 ◆ 王守仁 —— 242
第 227 天 ◆ 顾炎武 —— 243
第 228 天 ◆ 王夫之 —— 244
第 229 天 ◆ 颜元 —— 245
第 230 天 ◆ 戴震 —— 246

神奇的天文历法

第 231 天 ◆ 什么是尧典 —— 248
第 232 天 ◆ 什么是二十八宿 —— 249
第 233 天 ◆ 什么是年次纪年法 —— 250
第 234 天 ◆ 什么是年号纪年法 —— 251
第 235 天 ◆ 什么是干支纪年法 —— 252
第 236 天 ◆ 五花八门的纪月法 —— 253
第 237 天 ◆ 五花八门的纪时法 —— 254
第 238 天 ◆ 神奇的二十四节气 —— 255
第 239 天 ◆ 神奇的七十二候 —— 256
第 240 天 ◆ 神奇的圭表 —— 257
第 241 天 ◆ 神奇的日晷 —— 258
第 242 天 ◆ 神奇的铜壶滴漏 —— 259

第 243 天 ◆ 神奇的《太初历》—— 260
第 244 天 ◆ 神奇的《大明历》—— 261
第 245 天 ◆ 神奇的《授时历》—— 262

了不起的伟大发明

第 246 天 ◆ 神奇的指南针 —— 264
第 247 天 ◆ 神奇的造纸术 —— 265
第 248 天 ◆ 神奇的印刷术 —— 266
第 249 天 ◆ 神奇的火药 —— 267
第 250 天 ◆ 神奇的圆周率 —— 268
第 251 天 ◆ 神奇的丝绸 —— 269
第 252 天 ◆ 神奇的瓷器 —— 270
第 253 天 ◆ 神奇的漆器 —— 271
第 254 天 ◆ 神奇的酿酒技术 —— 272
第 255 天 ◆ 神奇的饴糖 —— 273
第 256 天 ◆ 神奇的风筝 —— 274
第 257 天 ◆ 神奇的珠算 —— 275
第 258 天 ◆ 神奇的车船 —— 276
第 259 天 ◆ 神奇的地动仪 —— 277

了不起的文物

第 260 天 ◆ 陶鹰鼎 —— 279
第 261 天 ◆ 贾湖骨笛 —— 280
第 262 天 ◆ 后母戊鼎 —— 281
第 263 天 ◆ 曾侯乙编钟 —— 282
第 264 天 ◆ 越王勾践剑 —— 283
第 265 天 ◆ 青铜神树 —— 284
第 266 天 ◆ 长信宫灯 —— 285
第 267 天 ◆ 击鼓说唱俑 —— 286
第 268 天 ◆ 四羊方尊 —— 287
第 269 天 ◆ 鎏金银壶 —— 288
第 270 天 ◆ 千里江山图 —— 289
第 271 天 ◆ 秦始皇帝陵铜车马 —— 290
第 272 天 ◆ 熹平石经 —— 291
第 273 天 ◆ 铜奔马 —— 292
第 274 天 ◆ 清明上河图 —— 293
第 275 天 ◆ 三彩载乐骆驼俑 —— 294

了不起的书法

第 276 天 ◆ 什么是"永字八法" —— 296
第 277 天 ◆ 什么是"五字执笔法" —— 297
第 278 天 ◆ 什么是拓本 —— 298
第 279 天 ◆ 什么是钩、摹、临 —— 299
第 280 天 ◆ 神奇的毛笔 —— 300
第 281 天 ◆ 神奇的墨 —— 301
第 282 天 ◆ 五花八门的纸 —— 302
第 283 天 ◆ 五花八门的砚 —— 303
第 284 天 ◆ "书圣"王羲之 —— 304
第 285 天 ◆ "小圣"王献之 —— 305

第 286 天 ◆ 楷书大家赵孟頫 —— 306

第 287 天 ◆ "颜体"创始人颜真卿 — 307

第 288 天 ◆ "柳体"创始人柳公权 — 308

第 289 天 ◆ "虞欧褚薛"都是谁 —— 309

第 290 天 ◆ 草圣怀素 —— 310

了不起的绘画

第 291 天 ◆ 洛神赋图 —— 312

第 292 天 ◆ 女史箴图 —— 313

第 293 天 ◆ 游春图 —— 314

第 294 天 ◆ 职贡图 —— 315

第 295 天 ◆ 五牛图 —— 316

第 296 天 ◆ 挥扇仕女图 —— 317

第 297 天 ◆ 照夜白图 —— 318

第 298 天 ◆ 步辇图 —— 319

第 299 天 ◆ 韩熙载夜宴图 —— 320

第 300 天 ◆ 苹婆山鸟图 —— 321

第 301 天 ◆ 富春山居图 —— 322

第 302 天 ◆ 汉宫春晓图 —— 323

第 303 天 ◆ 秋风纨扇图 —— 324

第 304 天 ◆ 八十七神仙卷 —— 325

第 305 天 ◆ 百骏图 —— 326

有趣的传统音乐

第 306 天 ◆ 什么是五音十二律 —— 328

第 307 天 ◆ 什么是埙 —— 329

第 308 天 ◆ 什么是筑 —— 330

第 309 天 ◆ 什么是磬 —— 331

第 310 天 ◆ 什么是古筝 —— 332

第 311 天 ◆ 什么是笙 —— 333

第 312 天 ◆ 什么是竽 —— 334

第 313 天 ◆ 什么是琵琶 —— 335

第 314 天 ◆ 什么是二胡 —— 336

第 315 天 ◆ 什么是《霓裳羽衣曲》— 337

第 316 天 ◆ 什么是《高山流水》— 338

第 317 天 ◆ 什么是六代乐舞 —— 339

第 318 天 ◆ 什么是乐府 —— 340

第 319 天 ◆ 什么是吴歌 —— 341

第 320 天 ◆ 什么是戏曲 —— 342

了不起的古代建筑

第 321 天 ◆ 北京故宫 —— 344

第 322 天 ◆ 天坛 —— 345

第 323 天 ◆ 北海公园 —— 346

第 324 天 ◆ 颐和园 —— 347

第 325 天 ◆ 天宁寺塔 —— 348

第 326 天 ◆ 北京鼓楼 —— 349

第 327 天 ◆ 雍和宫 —— 350

第 328 天 ◆ 岳阳楼 —— 351

第 329 天 ◆ 黄鹤楼 —— 352

第 330 天 ◆ 滕王阁 —— 353

第 331 天 ◆ 拙政园 —— 354

第 332 天 ◆ 承德避暑山庄 —— 355

第 333 天 ◆ 莫高窟 —— 356

第 334 天 ◆ 云冈石窟 —— 357

第 335 天 ◆ 长城 —— 358

美丽的传统服饰

第 336 天 ◆ 什么是冕 —— 360

第 337 天 ◆ 什么是弁 —— 361

第 338 天 ◆ 什么是幞头 —— 362

第 339 天 ◆ 什么是红缨帽 —— 363

第 340 天 ◆ 什么是深衣 —— 364

第 341 天 ◆ 什么是袍 —— 365

第 342 天 ◆ 什么是衫 —— 366

第 343 天 ◆ 什么是襦 —— 367

第 344 天 ◆ 什么是褂 —— 368

第 345 天 ◆ 什么是补服 —— 369

第 346 天 ◆ 什么是裳 —— 370

第 347 天 ◆ 什么是裤 —— 371

第 348 天 ◆ 什么是裙 —— 372

第 349 天 ◆ 什么是舄 —— 373

第 350 天 ◆ 什么是履 —— 374

不得不知的传统美味

第 351 天 ◆ 茶 —— 376

第 352 天 ◆ 酒 —— 377

第 353 天 ◆ 饺子 —— 378

第 354 天 ◆ 腊八粥 —— 379

第 355 天 ◆ 月饼 —— 380

第 356 天 ◆ 重阳糕 —— 381

第 357 天 ◆ 元宵 —— 382

第 358 天 ◆ 粽子 —— 383

第 359 天 ◆ 春卷 —— 384

第 360 天 ◆ 皮蛋 —— 385

第 361 天 ◆ 豆腐 —— 386

第 362 天 ◆ 麻花 —— 387

第 363 天 ◆ 北京烤鸭 —— 388

第 364 天 ◆ 涮羊肉 —— 389

第 365 天 ◆ 金华火腿 —— 390

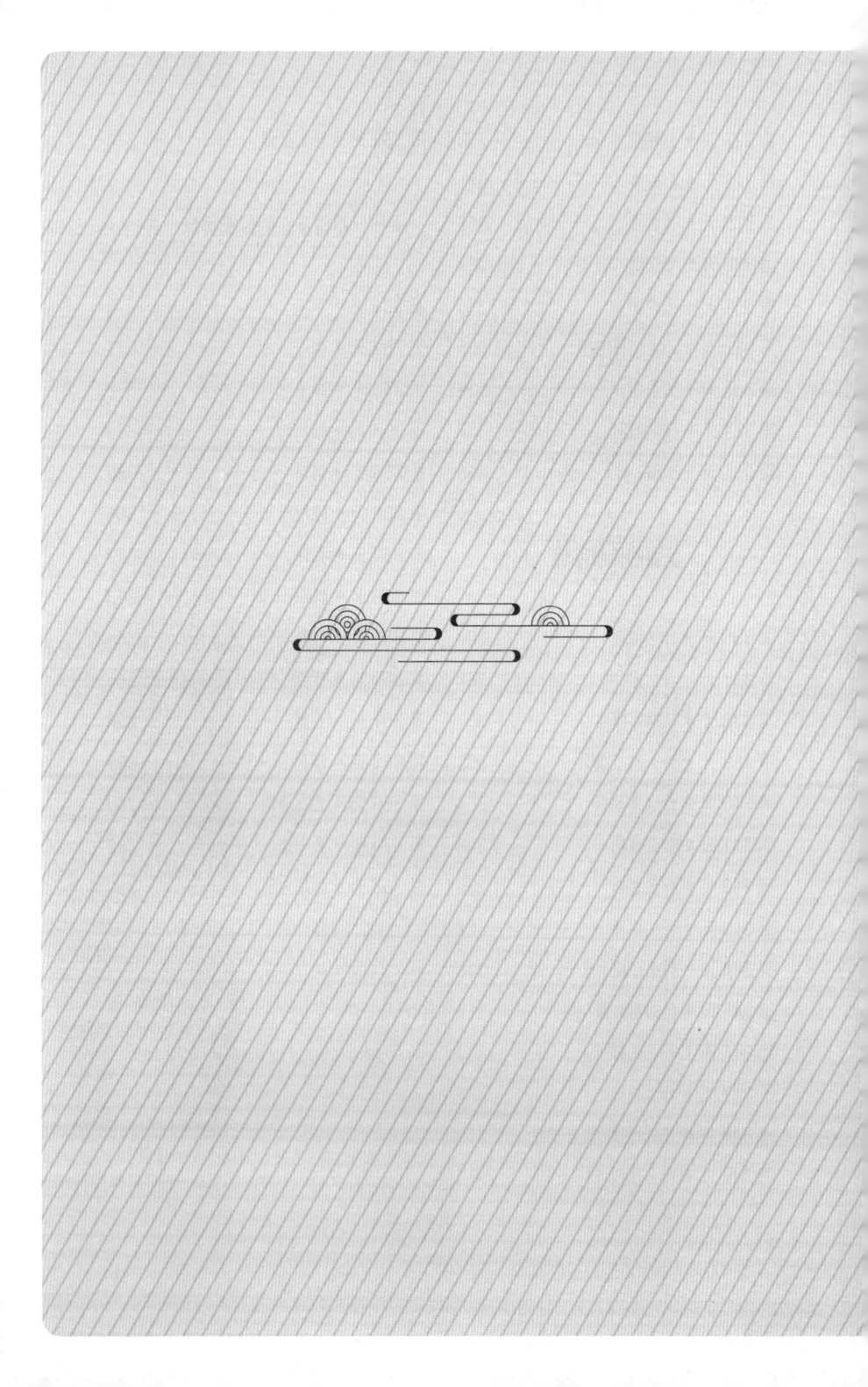

了不起的中国

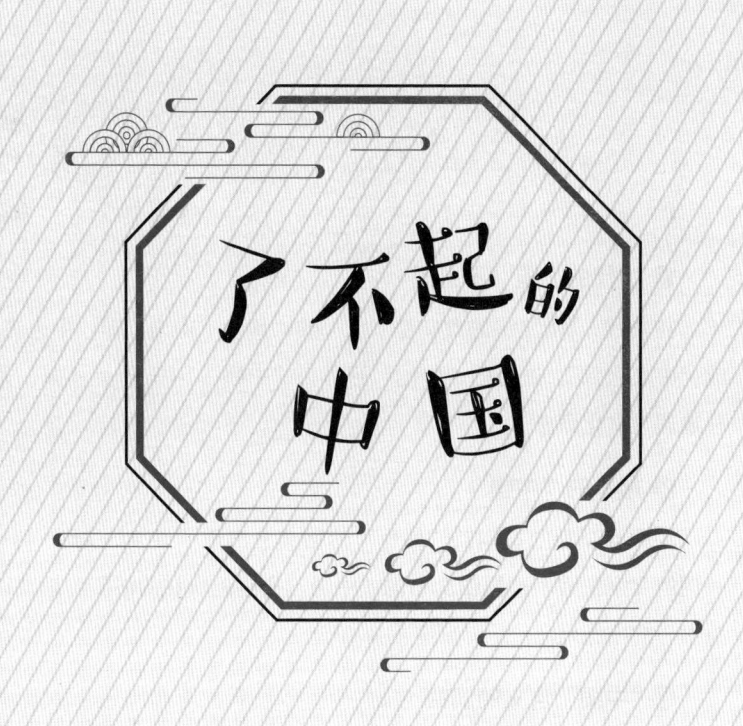

"中国"是怎么来的

> "或"是古国字,"口"表示土地的四界,"一"表示土地,"戈"表示须用武力来防守土地。 —— 曹伯韩

❶ 古代的"国"不是国

在古代,"国"字的含义是"城"或"邦"。"中国"即"中央之城"或"中央之邦"。这时的"中国"意思与"中原""中州"差不多,是一种地理与文化概念。

❷ 最早的"中国"

在西周早期的青铜器"何尊"的铭文上出现了最早的关于"中国"一词的文字记载。这篇铭文中的"中国"指洛邑所在的洛阳盆地及以其为中心的中原地区。

❸ "中国"含义的演变

"中国"一词逐渐具备"国家"的意味是从宋代开始的。19世纪中叶,"中国"一词开始作为与"外国"对等的国家概念使用。

提问

"中国"一词最早是在青铜器_____上发现的。
A 何尊 **B** 何遵 **C** 和尊

第2天 了不起的中国 月 日

北京有多少个名字

> 所谓燕云十六州，包括幽州（今天的北京）在内。
> ——林徽因

❶ 古老的北京

作为我国的首都，北京是一座拥有三千多年历史的古都，最早建于西周初年。当时周武王成功伐纣，封黄帝之后于蓟（今北京市西城区广安门附近），封召公于燕（今北京市房山区琉璃河）。

❷ 好多好多的名字

除了蓟、燕，北京在不同历史时期拥有不同的名字，比如幽州、涿郡、燕京、大都、北平、顺天府、京师等，算起来大致有二十多种。直到1949年，才正式更名为北京。

❸ 燕京八景

"燕京八景"得名于金代，后代文人纷纷题诗，遂闻名遐迩。清乾隆皇帝御定八景为：太液秋风、琼岛春阴、金台夕照、蓟门烟树、西山晴雪、玉泉趵突、卢沟晓月、居庸叠翠。

提问

北京是在_____年正式更名为北京的。
A 1949　**B** 1959　**C** 1969

五十六个民族有哪些

好多好多的民族

自古以来,我国就是一个多民族国家,拥有十分悠久的多民族发展历史。中华人民共和国成立后,我国正式确认的民族共有五十六个。在我国的五十六个民族中,汉族是主体民族,人口数量众多。

五十六个民族顺口溜

汉满傈僳景颇壮,高山普米锡伯藏,毛南布依维吾尔,

仡佬仫佬蒙古羌,乌孜别克俄罗斯,保安独龙京东乡,

哈尼彝苗鄂伦春,裕固朝鲜傣阿昌,鄂温克水德昂怒,

基诺赫哲土布朗,塔塔尔白回土家,达斡尔畲黎珞巴,

拉祜纳西塔吉克,哈萨克佤瑶撒拉,柯尔克孜侗门巴。

提问

我国有_____个少数民族。
A 55　B 56　C 57

五湖四海是什么

> 水性是流动的……它却可以帮你活动，节省你的劳力。所以到后世，水路的交通，远较陆路交通为发达。长江流域的文明，本落黄河流域之后，后来却反超过其上，即由于此。
> ——吕思勉

❶ 五湖

五湖近代以来一般是指鄱阳湖、洞庭湖、巢湖、太湖以及洪泽湖。其中，鄱阳湖是我国第一大淡水湖，同时也是我国仅次于青海湖的第二大湖。

❷ 四海

四海现分别指渤海、黄海、东海、南海。渤海是我国地理位置最北的内海，南海是我国深度最深、面积最大的边缘海。

❸ 长江与黄河

长江是我国第一大河，全长约6300千米，发源于青藏高原上的唐古拉山脉各拉丹冬峰，最后注入东海。黄河享有"母亲河"之称，全长约5464千米，其与长江的流经区域被看作中华文明的主要发源地。

提问

_____是我国第一大淡水湖。

A 太湖　　**B** 鄱阳湖　　**C** 巢湖

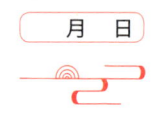

十大名山是什么

❶ 中华十大名山

山东泰山、安徽黄山、四川峨眉山、江西庐山、西藏珠穆朗玛峰、吉林长白山、陕西华山、福建武夷山、台湾玉山以及山西五台山统称为"中华十大名山"。

❷ 五岳

五岳是对我国传统文化中的五座名山的统称,分别是东岳泰山、西岳华山、中岳嵩山、南岳衡山、北岳恒山。

❸ 五岭

五岭指的是长江与珠江流域的分水岭及周围群山。由西到东分别为越城岭、都庞岭、萌渚岭、骑田岭和大庾岭。

提问

_____不属于五岳。
A 泰山　　**B** 黄山　　**C** 嵩山

背一背

五岳之首是泰山,五岳独秀是衡山,五岳奇险是华山,人天北柱是恒山,天地之中是嵩山。

我们的传统礼仪

第6天 我们的传统礼仪

吃饭有什么讲究

❶ 长辈先入座

无论是在什么地方、什么场合,与什么人一起吃饭,一定要让长辈先入座,并且要在长辈们动筷子以后再拿起筷子吃饭,这是饮食中最重要的传统礼仪之一。

❷ 饭碗双手端

席间,如果要给父母等其他长辈端饭,要双手端碗。若要从父母等长辈手中接过饭碗,同样要双手接碗,并要说声"谢谢"。

❸ 含饭不说话

吃饭的时候,最好不要说话,这便是古人所谓的"食不言"。当然,在实际情况中,如果想在席间说话,一定要等嘴里的饭菜全部咽下去再说,千万不要含着饭菜说话。

提问

给长辈端饭时,要用_____端碗。
A 单手　　B 双手　　C 二者均可

背一背

筷子不乱敲,含饭不嬉笑,长辈先夹菜,细嚼慢咽好。

第7天 我·们·的·传·统·礼·仪   月 日

站坐有什么讲究

❶ 坐姿要挺拔

俗话说:"坐有坐相,站有站相。"当我们坐在椅子上时,一定要让上身保持挺直,双脚并拢,如此才是端正的坐姿。坐着的时候,一定不要跷腿、抖腿。

❷ 站姿要恭敬

当我们站着和别人讲话时,最好让身体保持挺直状态,双腿直立,千万不要倚靠墙壁、栏杆等,也不能站在影响他人出入的地方。当已经有两个人并排站立在一起时,不能挤进他们之间站立。

❸ 目光不斜视

无论是坐着还是站着与人交流,我们都要努力做到"目不斜视",即我们的目光要端正从容地注视对方,切忌直勾勾地盯着对方,也切忌目光游移不定。

提问

坐着的时候,最好不要_____。
A 上身挺直　　B 双脚并拢　　C 跷腿抖腿

背一背

双腿不乱翘,抖腿不礼貌,站时不靠墙,目光不乱飘。

第8天 我·们·的·传·统·礼·仪　　　月　日

待客有什么讲究

❶ 门外迎客并引路

有宾客来访时,应在客人快到之时,提前迎接,特别是对远道而来的客人,最好去门外迎接,千万不能让客人自己找上门。见到客人后,主人要为客人引路,并在进门时让客人先进。

❷ 请客先入座

如果客人是长辈,主人应该先让客人入座,自己再入座;如果客人是平辈,主人先请客人入座,客人表示谦让后,主人和客人可以共同入座。

❸ 送客送到家门外

送别客人时,要将客人送到门外,特别是远道而来的客人,最好将客人送到车站。当客人乘车离开后,主人要等车辆行驶一段距离再转身离开。

提问

如果客人是长辈,应该怎样入座?_____。
A 客人先坐　　**B** 主人先坐　　**C** 同时入座

背一背

门外迎宾客,请客先入座,送客离开后,自己再回家。

第9天 我·们·的·传·统·礼·仪　月　日

行礼有什么讲究

> 要和人打招呼，肃拜就拱两手到地；顿首呢，是把头顿于手上；稽首则不用手而以头着地，像现在的礼拜。
>
> ——吴晗

❶ 拱手礼

拱手礼，又称作揖礼，是古时汉民族的相见礼，历史非常悠久。行礼时双手稍弯，相叠在胸前，或者一手虚握、另一只手将其抱住。拱手礼表示寒暄、打招呼、恭喜等，现在常用于恭贺、拜年等喜庆的场合。

❷ 万福礼

万福礼，是古代汉族女子常见礼仪之一。行礼时双手重叠，右手在上，左手在下，双手位于腹部正中，同时略做鞠躬的姿势，常口称"万福"，所以被称作"万福礼"。

❸ 跪拜礼

在古代，跪拜是一种常见的大礼，但是现在人们不会轻易使用它，只在拜年、祭祖等重要活动中使用。

提问

行万福礼时一般哪只手在上？
A 左手　　**B** 右手　　**C** 左右手皆可

第10天 我·们·的·传·统·礼·仪　　月　日

做客有什么讲究

❶ 遵守约定的时间

去别人家做客，一旦约定了时间，就务必做到准时赴约，一定不要迟到。当然，提早几分钟到达也是可以的，只是不能到得太早，免得给主人家带来麻烦。

❷ 拜访要预约

如果想去做客，就一定要提前和主人家预约做客的时间，让主人有足够的时间准备，千万不能无约到访，那样只会成为别人眼中的不速之客。

❸ 敲门有讲究

抵达主人家门口时，如果门是虚开的，可以适当提高声音来询问，以此引起主人的注意；如果门是关闭的，则需要轻轻敲门或按门铃，之后便后退两步，静候主人开门。千万不要用力敲门，或者不停地按门铃。

提问

按完门铃，需要后退＿＿＿＿＿步，静候主人开门。
Ⓐ 两　　Ⓑ 三　　Ⓒ 四

背一背

做客要守时，拜访要预约，门铃轻轻按，敲门敲三下。

第11天 我·们·的·传·统·礼·仪　　月　日

宴席有什么讲究

❶ 主人来点"盖帽菜"

宴席上,主人出于礼仪,会让客人来点头道菜。此时,客人要表示谦让,并让主人点头道菜,这道菜俗称"盖帽菜",之后再由客人接着点菜。

❷ 贵宾到来要起身相迎

席间,如果有贵宾或者年长的人到来,应该起身迎接。此外,别人来敬茶、敬酒时,也要起身相迎,千万不能一动不动地坐着,那样会被看作无礼之举。

❸ 等客吃完再放筷

宴席快要结束时,主人不能自己先吃完并放下碗筷,而是要等客人吃完再放下碗筷,停止用餐,这样做是对客人的尊重。

提问

主人点的头道菜俗称"＿＿＿＿"。
A 头菜　　**B** 盖帽菜　　**C** 盖菜

背一背

点菜要谦让,敬酒要起身,客人不离席,主人不离开。

第12天 我·们·的·传·统·礼·仪　　月　日

喝茶有什么讲究

❶ 茶倒七分满

给客人敬茶时，茶水只能倒七分满，以此来表示对客人的尊敬。倘若将茶水倒满，不仅失了礼数，还很有可能会在端茶、敬茶时，因茶水滚烫而导致茶杯打翻或被茶水烫伤等意外情况发生。

❷ 茶座有次序

喝茶时，上座应该由年纪或者辈分较长的人坐，其他人再按长幼顺序依次入座。至于主人，则应该坐在下座的位置。敬茶时，主人先给长辈或宾客敬茶，接着便可以按照顺时针方向依次敬茶。

❸ 递茶有讲究

在给客人递茶杯时，应该握住茶杯柄或茶杯底部，千万不能将手指或者手掌直接扣在茶杯上方。

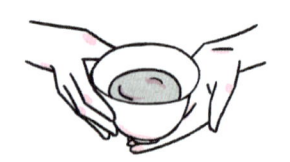

提问

主人在给长辈或宾客敬茶后，可以按照什么方向敬茶？
A 顺时针　　**B** 逆时针　　**C** 二者均可

小知识

睡前不喝茶，因为茶叶有提神的作用，所以晚上喝茶会在一定程度上影响睡眠。

第13天 我·们·的·传·统·礼·仪　　月　日

生日有什么讲究

> 贺婚贺寿需用贺联；讲究的送幛子，更讲究的送祭文寿序。
> ——胡适

❶ 长辈要过暖寿

暖寿指的是在寿辰到来的前一天晚上，为寿星举办的祝寿活动。一般只为六十岁以上的老人过暖寿。

❷ 寿宴也应有禁忌

一般来讲，寿宴的开席时间定在中午为好，并且寿宴上禁止出现"死""病""残""丧"等不吉利的字。

❸ 长寿面里有寓意

寿星要吃长寿面。因为面条又细又长，而且能挑得高高地吃，寓意为"高寿"。寿诞日吃面条，"面"字与"命"字谐音，"长面"即"长命"，表示"长命百岁"。

提问

暖寿适用于_____岁以上的人。
A 四十　　**B** 五十　　**C** 六十

第14天　我·们·的·传·统·礼·仪　　　月　日

使用筷子有什么讲究

❶ 摆放筷子讲方法

摆放筷子时，一定要将筷子的两头对齐，同时也要调整好筷子的方向，不能"阴阳颠倒"。特别要注意的是，筷子不能分开放在碗碟两侧，必须将两根筷子放在一起。

❷ 不敲筷子不出声

吃饭时不能用筷子敲打碗、盘子，这样不仅不礼貌，还有"行乞"的意思。也不要一手拿一根筷子，互相敲击，发出声响。

❸ 筷子禁忌知多少

筷子不能笔直地插在饭菜中，因为只有在祭祖供奉祭品时才会这么做。在吃饭的过程中，千万不能用筷子指人，这种做法是非常无礼的。

提问

筷子只有在_____才能插在饭中。
A 吃饭时　　**B** 聊天时　　**C** 祭祖时

背一背

筷子摆放要对齐，两根筷子在一起，筷子不能随便敲，筷子指人不礼貌。

第15天 我·们·的·传·统·礼·仪　　月　日

谦称有什么讲究

❶ 对父母的谦称

在向他人介绍自己的父母时，需要使用谦称来称呼。一般可以将父亲谦称为"家父""家严"，可以将母亲谦称为"家母""家慈"。倘若父母已经离世，则可以将他们谦称为"先父""先母"。

❷ 对自己的谦称

在向他人介绍自己时，同样需要使用谦称。通常，不同身份的人用的谦称各有不同，比如读书人一般以"小生""晚生"谦称。除此以外，常用的自谦称呼还有"在下""鄙人"等。

❸ 对其他亲属的谦称

在向他人介绍自己的其他亲属时，也有不同的谦称，比如伯父、伯母谦称为"家伯""家伯母"，叔叔、叔母谦称为"家叔""家叔母"，哥哥、姐姐、弟弟、妹妹谦称为"家兄""家姊""舍弟""舍妹"等。

提问

_____不是对自己的谦称。
A 家慈　　**B** 在下　　**C** 鄙人

小知识

古时饱读诗书的人经常谦称自己为"不才"，意思是自己学问尚浅，还需要好好学习。

第16天 我·们·的·传·统·礼·仪　　月　日

敬称有什么讲究

❶ 如何称呼对方的父母

在称呼他人的长辈时，需要使用敬称，比如可以将对方的父亲敬称为"令尊"，将对方的母亲敬称为"令堂"。

❷ 如何称呼对方的子女

在称呼他人的晚辈时，同样要使用敬称。一般可以将对方的儿子敬称为"令郎""令子""公子""贵公子"等，可以将对方的女儿称呼为"令爱""令媛""女公子"等。

❸ 常用的敬语

社交场合需要使用特定的敬语，比如询问姓名时可以用"请问贵姓""请问大名"，请人帮忙时要说"劳驾""打扰""拜托"，与人初次见面时说"久仰"，等候客人时用"恭候"，请人勿送时说"留步"，中途先走用"失陪"，求人原谅用"包涵"，等等。

提问

请人帮忙时可以说_____。
A 令萱　　**B** 令媛　　**C** 劳驾

背一背

托人办事用"拜托"，请人指点用"赐教"，求人原谅说"包涵"，麻烦别人用"打扰"。

第17天 我·们·的·传·统·礼·仪

月　日

新年有什么讲究

❶ 拜年

大年初一，人们要做的第一件事就是去给长辈拜年。通常，晚辈们会恭敬地向父母等长辈行跪拜大礼，以此来表示祝福。长辈们在接受晚辈的祝福后，会给他们红包，也就是压岁钱，寓意岁岁平安。

❷ 迎喜神

除了拜年，人们还要在大年初一这天迎喜神，即在喜神所在的方位摆上各种祭品，然后举家焚香跪拜，以此来祈求喜神庇佑。

❸ 祭财神

正月初五是民间祭财神的日子。这天零点零分，人们会打开门窗，燃放鞭炮，摆放祭品，以此来祭祀财神，同时祈求财神庇佑，期盼来年的生活富足美好。

> **提问**
>
> 人们会在正月_____祭财神。
> Ⓐ 初一　　Ⓑ 初五　　Ⓒ 初七

背一背

过年啦，过年啦，吃饺子，贴窗花，三十晚上团圆饭，初一初二拜大年。

第18天 我·们·的·传·统·礼·仪　　月　日

清明有什么讲究

❶ 扫墓祭祖

清明节最重要的一个礼仪就是扫墓祭祖。人们会清除祖先墓地周围的杂草，修整墓地，之后摆上丰盛的祭品，以祭拜之礼来祭祀祖先，从而表达对祖先的哀思与崇敬之情。

❷ 春日踏青

除了扫墓祭祖，人们还会在清明时节踏青。此时春回大地，天地间绿意盎然，人们一同在郊外踏青、赏花、放风筝、荡秋千，感受大自然的勃勃生机。

❸ 戴柳插柳

清明时节，人们还会将柔嫩的柳条编织成圆环戴在头上，也会将鲜嫩的柳条插在门上。无论是戴柳还是插柳，都是人们用来辟邪躲祸的传统习俗。

提问

清明节最重要的一个礼仪是＿＿＿＿。
A 荡秋千　　B 放风筝　　C 扫墓祭祖

背一背

清明

[唐] 杜牧

清明时节雨纷纷，路上行人欲断魂。借问酒家何处有？牧童遥指杏花村。

重阳有什么讲究

❶ 祭祖敬老

每年农历九月初九是重阳节,又被称作"重九节""老人节"。因为"九"和"久"同音,所以重阳节有健康长久之意。在重阳节这天,人们不仅要摆上丰盛的祭品祭祖,还要更加孝敬家中的老人。

❷ 登高赏菊

重阳节当天,人们要登高望远、观赏菊花,还要品尝菊花酒。菊花之所以成为重阳节的象征,一是因为菊花具有很强的生命力,被看作"长寿之花",二是因为菊花具有养肝明目、清凉败火的功效。

❸ 吃重阳糕

在重阳节,人们还会食用节令美食重阳糕。重阳糕又被称作花糕、菊糕、五色糕,以优质糯米制成,口感软糯,香甜可口。

提问

重阳节的别称不包括_____。
A 重九节 B 重八节 C 老人节

背一背

九月九日忆山东兄弟
[唐] 王维

独在异乡为异客,每逢佳节倍思亲。遥知兄弟登高处,遍插茱萸少一人。

第20天 我们的传统礼仪

孩子满月有什么讲究

❶ 满月酒

满月酒是指为庆祝孩子满月而设立的酒宴,是民间最流行的满月礼风俗。满月酒与其他酒宴不同的是,主人家会准备染红的鸡蛋,作为伴手礼送给出席宴会的来宾。

❷ 剃胎发

孩子满月要剃满月头,称为剃胎发。但是胎发不能剃光,必须在头顶中央留一撮,叫"聪明发";也有的在脑后留一小撮,称"孝顺毛"。

❸ 百岁钱

旧时,孩子满月之际,亲朋们会以铜钱一百相赠,俗称"百岁钱",寓意长命百岁,还会送孩子银质的长命锁、银项圈、虎头帽及衣服等。

提问

孩子满月时,主人家会送客人_____。
Ⓐ 百岁钱　Ⓑ 长命锁　Ⓒ 红鸡蛋

小知识

《本草纲目》中记载,银屑有"安五脏,定心神,止惊悸,除邪气"等作用,所以古时人们爱用银为小孩打造贴身饰品。

我们的传统美德

什么是"仁"

> 孔子以为这样推己及人的仁爱,可以使五种人伦关系调整合理,而社会便能安宁发展。
>
> 曹伯韩

❶ 孔子的伦理思想

孔子的伦理思想,主张君仁、臣忠、父慈、子孝、夫义、妇顺、兄友、弟恭、朋友有信,并以"仁"为根本观念。

❷ 仁是爱人

仁是爱人、救世的热情,出发点在于孝悌,这就是推爱己之心以爱人,推爱父母兄弟之心以爱一切世人。

孔子

❸ 如何践行"仁"

践行"仁"的方法有所谓的"恕",就是"己所不欲,勿施于人"。积极的方面则是"己欲立而立人,己欲达而达人"。

提问

孔子的伦理思想不包括_____。
A 君仁　　B 父慈　　C 好玩

什么是"义"

❶ 什么是"义"

儒家认为"义"是言行符合礼法和道德。《论语》中"义"的内涵主要包括：合德、合宜、适宜、应当，道义、正义，法度、标准、职责等。

❷ 见义不为，无勇也

孔子认为，所谓义，就是"适宜"。每个人的行为符合周礼和道德，不"乱作为"，也不"当为不为"，就是"义"。孔子说："见义不为，无勇也。"他认为君子以义为上，一个人不仅要当仁不让，还要见义勇为。

❸ 羞恶心，义之端

在孟子看来，"义"是人的本性。孟子说："羞恶之心，义之端也。"这句话的意思是指羞恶之心是义的开端。

孟子

提问

在《论语》中，"义"的内涵不包括_____。
A 适宜　　**B** 正义　　**C** 利益

什么是"礼"

> 儒家的礼治,据荀子解释,是给人们欲望以统制,也就是把物质分配,按照智愚、能不能的区别分级规定,这和法治已很接近。
>
> ——曹伯韩

❶ 礼的起源

在我国古代,礼是用来维护社会等级的礼仪规范,其起源较早,在夏、商、周三代得到发展与变革。到西周时期,周公为周朝制定礼乐,一举奠定了礼在古代社会的重要地位。

❷ 克己复礼为仁

孔子在周礼的基础上提出了"克己复礼为仁"这个观点,认为克制自己的私欲,使言行举止合乎"礼"便是仁。

❸ 礼的演变

祭拜神灵,必须恭恭敬敬,并有庄重的礼仪形式。后来,凡表示敬意、举行仪式都与"礼"字有关,"礼"成为表示敬意的通称。

提问

西周时期,_____为周朝制定了礼乐。
A 孔子　　B 孟子　　C 周公

什么是"智"

> 孟子倡性善说,认为仁义礼智,是人类先天具有的"良知良能",只要扩充这个良知良能,"人皆可以为尧舜"。
>
> ——曹伯韩

❶ 此智非彼智

儒家思想中的"智",指的并不是科学智慧,而是一种道德智慧,也就是辨别善恶、是非的能力。孟子提出:"是非之心,智之端也。"他认为明辨是非是"智"的开端。

❷ 无智者不成仁

儒家思想认为,"智"是人必备的一种重要品德,是儒家理想人格的重要品质之一,也是实现仁、义的重要手段,没有"智",不可能做到仁、义。

❸ 智是明灯

西汉的扬雄说:"智,烛也。"智是让我们在复杂社会生活中辨明自己人生道路的明灯。

提问

儒家思想中的"智"指的是_____。
A 科学智慧　　**B** 道德智慧　　**C** 小智慧

第25天 我·们·的·传·统·美·德   月　日

什么是"信"

> "人""言"为"信",就是合"人""言"两字的意义,来表示"信"乃是人类说话的道德。 ——曹伯韩

❶ "信"的含义

儒家说的"信"意为诚实、讲信用、不虚伪。孔子及其弟子提出"信",是要求人们按照"礼"的规定互守信用。

❷ 信从"人""言"

从字的结构来看,信从"人""言"。这代表"人"要忠于自己说出的"言语"、许下的"诺言",使自己的"言"与我们"人"所处的社会地位、所承担的社会责任和道德义务相符。

❸ 人无信而不立

常言道"人无信而不立",意思是倘若一个人不守信用,就不足以立身于世。《论语》中也说:"人而无信,不知其可也。"大意就是说人如果失去了信用或不讲信用,不知道他还可以做什么。

提问

《论语》中说:"人而无＿＿＿＿,不知其可也。"
Ⓐ 信　　Ⓑ 礼　　Ⓒ 仁

什么是"孝"

❶ "孝"的含义

孝字上面是"老"字的上半部分,下边是"子"字,象征着年轻人搀扶老人,泛指报答父母的养育之恩。儒家十三经中便有一部《孝经》,其中提出"以孝治天下"这个主张,认为"孝"是国家长治久安的基础。

❷ "孝"与"慈"相对应

善事父母谓之孝,而慈爱子女谓之慈。《大学》中说:"为人子,止于孝;为人父,止于慈。"也就是说,父慈与子孝是相对应的。

❸ 《二十四孝》

《二十四孝》全名《全相二十四孝诗选集》,由元代郭居敬所辑。书中收集了历朝历代 24 个孝子的故事,广为流传。

提问

孝指报答_____的养育之恩。
A 父母　　**B** 师长　　**C** 兄弟

第27天 我·们·的·传·统·美·德　　月　日

什么是"悌"

> 动机不善，一切孝悌礼乐都只是虚文，没有道德的价值。——胡适

❶ "悌"的含义

悌的左半边是"心"字，右半边是"弟"字，象征着心中关怀同辈人，一般指兄弟姐妹之间的关爱。

❷ "悌"的功用在于"和"

悌要达到的是人与人之间关系的和顺与和谐，并最终促使整个社会达到和顺与和谐。换句话说，悌的最大功用是"和"。

❸ "仁"的根本

"悌"是通过关爱身边的人来达到"仁者爱人"这个目的。儒家非常重视"孝悌"，并把它看作实行"仁"的根本条件。

提问

悌的左半边是"心"字，右半边是"弟"字，象征着_____。
A 关怀同辈人　　**B** 兄弟姐妹之间的关爱　　**C** 以上都是

小知识

"入孝出弟（悌）"是指回家要孝顺父母，出外要敬爱兄长。出自《论语·学而》。

什么是"忠"

> 如朱子说"中心为忠,如心为恕"。
>
> ——曹伯韩

❶ "忠"的含义

"忠"字从心,中声,本义为尽心竭力,引申为忠心无私以奉公、任事、服职、对人的美德。

❷ "忠"与"礼"相对

在《论语·八佾》里,孔子说:"君使臣以礼,臣事君以忠。"意思是,君对臣要尊重,要礼数周到;臣对君要忠诚。也就是说,君臣关系是相互的,是有条件的。

❸ 精忠报国的岳飞

南宋抗金名将岳飞是"精忠报国"的典范。岳飞一生以收复中原为使命,率领岳家军积极抗击金兵,先后收复了襄阳、信阳等6郡。可惜因受奸臣陷害,岳飞最终因莫须有的罪名而被杀害了。

提问

岳飞率领岳家军积极抗击的是_____。
A 宋兵 **B** 金兵 **C** 小兵

第29天 我·们·的·传统·美·德　　月　日

什么是"廉"

> "事亲孝，与士信，临财廉，取与义，分别有让，恭俭下人"，这（李陵）真是一个武士的好模范。 ——吕思勉

❶ 为官的基本操守

在我国的诸多传统优秀品德中，"廉"是极受褒扬的道德修养。儒家文化把"礼""义""廉""耻"称为四德，"廉"被作为对士人，尤其是对官吏道德教育的一项重要内容，是入仕为官者的基本操守。

❷ 什么是"廉"

在《周礼》中，"廉"有六层含义，分别是："廉善"，即善良；"廉能"，指能行政令，能干；"廉敬"，指不懈于位，尽职守责；"廉正"，指品行端正，行事公正；"廉法"，指守法；"廉辩"，指是非分明，头脑清醒。

❸ 天下第一廉吏

于成龙，1617年出生于山西永宁州（今山西吕梁）。在23年的从政生涯中，他历任罗城知县、黄州府同知及知府、武昌知府、福建按察使、福建布政使、直隶巡抚、两江总督等职，从七品知县到封疆大吏，因勤政爱民、勇于担当、刻苦廉洁、刚直不阿而深得百姓爱戴，被康熙帝誉为"清官第一"。

提问

在《周礼》中，"廉"有_____层含义。
Ⓐ 五　　Ⓑ 六　　Ⓒ 七

什么是"耻"

> 不知其过而不改,犹可言也。知而不改,此懦夫之行,丈夫之大耻。
> —— 胡适

❶ 羞恶之心

孟子说:"羞恶之心,义之端也。"羞恶之心即耻,是指对自己丑恶的言行感到羞愧,对他人的丑恶言行感到憎恶。

❷ 礼义廉耻,国之四维

知耻,在中国传统美德中有着重要的地位。儒家学说认为"耻"是道德的四大纲纪之一,也是四种善端之一。礼义廉耻,国之四维。早在春秋时期,管子就说过:"四维不张,国乃灭亡。"他把"耻"列为维系社会,关乎国家存亡的支柱之一。

❸ 知耻而后勇

"知耻而后勇"源于"知耻近乎勇",出自《礼记·中庸》,意思是知道羞耻就接近勇敢了。知道羞耻并勇于改过是一种值得推崇的品德。

提问

儒家学说认为"耻"是_____。
A 道德的四大纲纪之一   B 四种善端之一   C 以上都是

成语接龙

寡廉鲜耻→耻言人过→_____→_____→_____

第31天 我·们·的·传·统·美·德　　月　日

什么是"谦"

> 老子……不喜欢贤能与强力,而以谦下与柔弱为至德。
>
> ——郑振铎

❶ 满招损,谦受益

《尚书·大禹谟》有云:"满招损,谦受益。"意思是自满使人受到损害,谦虚使人得到益处。这是古人的修身养性之道。

❷ 言语中的谦虚

中国历代都以谦让为美德,表现在人们日常交流、交往的各个方面,尤其在称谓上体现得非常突出。古人常用"愚""鄙""卑""窃"等自谦的词来称呼自己,以表现说话者的谦逊和修养。

❸ 孔融让梨

孔融四岁的时候,常常和哥哥一块儿吃梨。每次孔融都只拿最小的梨。一次,大人问道:"你为什么总是拿小的而不拿大的呢?"孔融说:"我是弟弟,年龄最小,应该吃小的,大的还是让给哥哥吃吧!"孔融小小年纪就懂得兄弟姐妹之间应该相互礼让,成为流传千载的佳话。

提问

古人常用的自谦称呼不包括_____。
Ⓐ 愚　　Ⓑ 窃　　Ⓒ 朕

第32天 我·们·的·传·统·美·德　　月　日

什么是"勤"

> 凡人之习惯,大抵不易骤变,俭者之不易遽(jù)奢,犹奢者之不能复俭。所以开国之主,总是比较勤俭的。 ——吕思勉

❶ 勤奋的含义

"勤"作为一种行为规范,其内涵主要体现在三个方面:一是"执劳辱之事",这是日常生活的道德要求;二是勤学敬业,这是求学与工作的行为准则;三是"止于至善",这是关于个人的知识积累与品行修养的境界要求。

《三字经》说:"勤有功,戏无益,戒之哉,宜勉力。"意思是人勤奋上进,才会有好的收获;只顾贪玩,浪费大好时光,一定会后悔。要时刻提醒自己,勉励自己好好学习。

❷ 勤的典故

"勤"是做人做事的根本,历史上有很多和勤奋有关的典故,如囊萤映雪、悬梁刺股、闻鸡起舞、宵衣旰(gàn)食、牛角挂书、夙(sù)兴夜寐、韦编三绝、凿壁偷光等。

提问

以下哪个典故和勤奋无关?
A 悬梁刺股　　**B** 闻鸡起舞　　**C** 守株待兔

什么是"好学"

> 眼中最可敬爱之人,乃此邦之半工半读之学生。其人皆好学不厌之士,乃一校之砥柱,一国之命脉。
>
> ——胡适

❶ 什么是"好学"

子曰:"君子食无求饱,居无求安,敏于事而慎于言,就有道而正焉,可谓好学也已。"意思是君子吃喝不追求饱腹,居住不追求安逸,做事敏捷勤快、说话谨慎,和有德之人亲近并向他们学习、改正自己的缺点,这就是好学。

❷ 学习的层次

曾子说:"君子既学之,患其不博也;既博之,患其不习也;既习之,患其无知也;既知之,患其不能行也;既能行之,贵其能让也。君子之学,致此五者而已矣。"他将学习分为递进的五个层次,即博学、温习、理解、实践、谦让。

❸ 敏而好学,不耻下问

"敏而好学,不耻下问"出自《论语·公冶长》,意思是不会因为向比自己学问低或者地位低的人请教问题而感到耻辱。这是一种求学好问的优良美德。

提问

《论语》中说:"敏而好学,不耻_____问。"
Ⓐ 上　　Ⓑ 下　　Ⓒ 中

什么是"自强"

> 中国儒家主张在"自强不息"之中，求人格的最高境界。
>
> ——曹伯韩

❶ 自强的含义

自强指的是自己努力向上，自我勉励，奋发图强，修身自立，不断提升和完善自我

❷ 天行健，君子以自强不息

《周易》中说："天行健，君子以自强不息。"意思是天（即自然）的运行刚强劲健，相应地，君子处事应像天一样，自我力求进步，刚毅坚卓，发愤图强，永不停息。

❸ 清华校训

1914年，梁启超到清华大学演讲，提到希望清华学子们都能继承中华传统美德，并引用了"自强不息""厚德载物"等话语来激励清华学子。后来，"自强不息，厚德载物"八个字成为清华大学校训。

提问

梁启超在演讲中提到"自强不息，厚德载物"，后来成为_____的校训。

A 清华大学　　B 北京大学　　C 南京大学

什么是"务实"

❶ 务实的含义

务实，是指注重实际行动、脚踏实地、务求实效的态度和方法。务实精神是中华民族的传统美德，《国语》中说："昔吾骤事庄主，华则荣矣，实之不知，请务实乎。"

❷ "实"与"名"相对

《传习录》中说："名与实对。务实之心重一分，则务名之心轻一分。"这句话主要是强调一个人在处理问题和解决困难时，应该把更多的注意力放在实质上而不是表象上。如果过于注重名义和形式，往往会忽略问题的本质和实质，从而导致无法真正解决问题。

❸ 知之为知之

《论语·为政》有言："知之为知之，不知为不知，是知也。"意思是知道就是知道，不知道就是不知道，这样才是真正的智慧。也就是说，只有实事求是才是通往智慧的唯一途径。

提问

"名与实对"出自_____。
A《国语》　　**B**《传习录》　　**C**《论语》

有趣的汉字

汉字从何而来

> 中国文字的创造者仓颉(jié),是一个传说的人物。有的人说他是轩辕黄帝的史官,有的人说他是古代的帝王。
>
> ——曹伯韩

中国的汉字是怎么来的?传说汉字是一个叫仓颉的人创造的,他造汉字的地方被称为"凤凰衔书台"。

"仓颉造字"出自《淮南子·本经训》。书中说:"昔者仓颉作书,而天雨粟,鬼夜哭。"

黄帝时期,有一个史官叫仓颉,他观察鸟兽的足迹并从中受到启发,创造了文字。他创造文字时,天上降下粟米,鬼在夜间哭泣。这是因为上天担心文字诞生后人将诈伪萌生、去本趋末、弃耕作而务锥刀,导致天下缺粮,于是降下粟米。而鬼则是害怕被书文揭发,所以在夜间哭泣。

仓颉

提问

传说仓颉是黄帝时期的一个_____。
A 武官　　**B** 史官　　**C** 上官

第37天 有·趣·的·汉·字　　月　日

字体是怎么演变的

> 中国文字,在秦朝经过一次大革命,开始通行隶书,后来又使用楷书,于是隶书以前的古代文字,如篆书、蝌蚪文等等,便和一般人民脱离关系。
>
> ——曹伯韩

汉字是世界上最古老的文字之一,已有六千年左右的历史。汉字拥有七种独有的结体方式,被称作汉字七体,即甲骨文、金文、篆书、隶书、草书、楷书和行书。

其大致的演变过程是:

甲骨文 → 金文 → 篆书 → 隶书 → 草书 → 楷书 → 行书

甲骨文是商周时期刻在龟甲兽骨上的文字。金文是商周至秦汉时期铸刻在青铜器上的文字。秦朝建立后,秦始皇下令"书同文",统一全国文字,小篆由此成为当时通行的字体。

隶书由篆书简化演变而成。始于秦代,普遍使用于汉魏。草书始于汉初,唐朝时发展出"狂草"。楷书由隶书发展演变而成。始于汉末,自魏晋时期通用至今。行书介于草书、楷书之间,相传始于汉末,流行至今。

提问

汉字七体不包括_____。
A 甲骨文　　**B** 草书　　**C** 铭文

第38天 有·趣·的·汉·字　　月　日

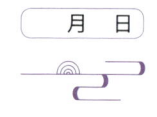

什么是汉字造字法

> 向来中国文字学家夸奖中国文字，必定说中国文字是合乎"六书"的道理的。
> ——曹伯韩

❶ 汉字造字法

"六书"一词最早出现于《周礼·地官司徒·保氏》，后被汉代学者许慎用来指称六种汉字造字法，即象形、指事、会意、形声、转注、假借。"六书"是我国最早的关于汉字构造的系统理论。

❷《说文解字》

《说文解字》是许慎的代表作，简称《说文》，是中国第一部系统地分析汉字字形和考究字源的字书。在这套书中，许慎将象形、指事、会意、形声归纳为造字之法，将假借和转注归纳为用字之法，"六书"由此得到了完美的说明。

许慎

❸ 字圣

许慎，字叔重，汝南召陵（今河南省漯河市召陵区）人，东汉时期著名的经学家、文字学家。他用三十年时间编撰了《说文解字》，使中华汉字的形、音、义趋于规范和统一，被后世尊为"字圣""字学宗师"。

提问

《说文解字》的作者是_____。
Ⓐ 许慎　　Ⓑ 许镇　　Ⓒ 许滇

第39天 有·趣·的·汉·字　　月　日

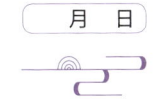

什么是象形字

> 象形字的笔画，多少不定，位置也很随便，横竖、斜正、向左、向右，通通可以，看……日、月、星、雨、旦、山、川、水、手、止、鱼、街、涉、犬各字便知。
>
> ——曹伯韩

从本质上来说，象形文字是从图画文字演变而来的，是人类历史中最原始的造字法。我国象形文字的最典型代表，就是甲骨文。

常见的象形字有独体、合体等方式。独体象形，形体是整体的单体结构，例如"人""口"等字，不能分割。合体象形是几个不同的形体合并起来，例如"囚"是"人"和"口"合起来组成的字，表示人在监牢中。

日：太阳的象形　　火：火焰的象形

提问

象形文字是从_____演变而来的。

A 图画文字　　**B** 表意文字　　**C** 甲骨文

第40天　有·趣·的·汉·字　　月　日

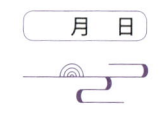

什么是指事字

> 指事字虽然也有合体的，但两体决不会都是"字"，例如"刃"字由"刀"","合成，而","不是"字"。——曹伯韩

　　指事字，又称处事字，是一种抽象的造字法，也就是没有或不方便用具体形象画出来时，就用抽象的符号来表示。大多数指事字是在象形字的基础上添加、减少笔画或符号创造出来的。

　　例如"上""下"两个字是以横线"一"为界，在横线上用一点或较短的短线指出上方的位置，就是"上"字；而在横线下面画符号则是"下"字。

　　指事字最大的特点，是它以象形字为基础，通过运用抽象符号来增加文字的表意功能。

二

在横线上用一点或较短的短线指出上方的位置，表示"上"

提问

指事字以_____为基础。
A 会意字　　**B** 象形字　　**C** 形声字

第41天 有·趣·的·汉·字

月　日

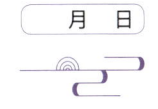

什么是会意字

> 拿两个或两个以上的象形字或指事字，配合起来，去表示比较复杂的意义，就产生了会意字。　　——曹伯韩

所谓会意字，是指用两个及两个以上的独体汉字，根据各自的含义组合成的新汉字。会意字的类型主要有两种：第一种是异体会意字，即用不同的字组成新的汉字；第二种是同体会意字，即用相同的字组成新的字。

例如，"闰"字就是异体会意字，表示"王在门中"。因为古代每逢闰月，帝王必须在祖庙的门中举行仪式。"从"字则是同体会意字，看上去是一个人跟着另一个人向前走，表示跟从。

一个人跟着另一个人向前走，表示跟从

提问

汉字"从"是＿＿＿＿会意字。
A 异体　　**B** 同体　　**C** 二者兼有

第42天 有·趣·的·汉·字 月 日

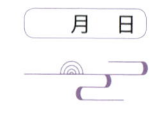

什么是假借字

> 这些假借字，或者因为字形字音都相近，或者因为字义字音都相近，所以通用起来。但是一经流行以后，假借字就把本字驱逐而不使用了。 ——曹伯韩

象形字、指事字、会意字都是从无到有创造出来的汉字，假借字却不一样，是借用一个同音字的字形来表示新的意义。

例如"北"，甲骨文字形像二人相背，最初的意思也是指人的后背。但是北方的"北"无形可像，就借读音相同的"背"来表示北方。

久而久之，"北"变成了方位词，与"南"相对。为了避免一字多义，人们又为表示"后背"造了一个"背"字。

就这样，假借字"北"诞生了。

"北"的甲骨文字形就像两个人背对背

提问

从无到有创造出来的汉字不包括_____。
A 象形字　B 指事字　C 假借字

第43天 有·趣·的·汉·字   月　日

什么是形声字

> 初期的形声字是由初期的假借字发展而来，也就是先经过声旁独用的阶段才附加形旁的；后期的形声字就不必经过假借阶段，可以一次造成。
>
> 曹伯韩

　　形声字是在象形字、指事字和会意字的基础上出现的，是用来补充造字的一种造字方式。用形声法造字，是将两个字复合成体，这是一种最能造字的造字法。

　　形声字有义符和音符。例如，"姐"字的"女"表义，"且"表音，一般是指姐姐。"架"字的"木"表义，"加"表音，表示木制的放置物品的用具。下面是一些常见的形声字。

　　　　左义右音：材　铜　冻　证　骑　秧　城　梅
　　　　右义左音：攻　削　瓢　鹉　故　战
　　　　上义下音：管　露　爸　芳　崖　界
　　　　下义上音：架　案　慈　贡
　　　　外义内音：固　病　庭　园
　　　　内义外音：闷　辫　辩
　　　　义在一角：裁　载　栽

提问

形声字的音符可以用来_____。
A 表声　　**B** 表意　　**C** 以上都是

第44天 有·趣·的·汉·字　　月　日

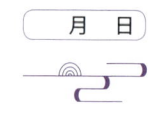

什么是转注字

> 转注字既然是由同一语根分化或变迁出来的同义字，则创造或采用的时候，自然是以表示不同的读音为目的，但这些字的构造，仍然不外是形声会意等方式，而字形和字义是相关的。
>
> 曹伯韩

转注字本质上是一种完全同义词，它是六书中的用字之法，无法产生新字，只能用来反映语音或文字的发展变化。

通常，转注字的条件有三个：第一，两个字的部首相同；第二，两个字的读音相近；第三，两个字可以互相解释。

比如"老"和"考"就是一对转注字，两个字的部首都是"耂"，读音相近，本义都是指长者。

"老"像一个拄拐的驼背老人　　　"考"本意同"老"

提问

转注字是六书中的_____之法。
A 用字　　B 造字　　C 辨字

五花八门的"睡"

在古代,古人根据睡眠的深浅程度或姿势,给睡眠起了五花八门的名字,主要有睡、觉、瞑(眠)、寝、卧、寤、寐等。

睡:《说文解字》中有"睡,坐寐也"的说法,"睡"的本义是坐着打瞌睡。

觉:刚刚睡醒的意思。

瞑(眠):在古代汉语中指闭上眼睛、闭目养神,但是不一定睡着了。

寝:《说文解字》中有"寝,卧也"的说法,"寝"在古汉语中指躺在床上休息,不一定睡着了。

卧:趴在桌子上睡觉。

寐:躺在床上睡着了。

现代人常说的"睡觉",是指进入睡眠状态。但在古汉语里,"睡觉"的意思是睡醒了。

小篆体的"睡"字

提问

在古代,瞑(眠)的意思是_____。
A 闭目养神　　**B** 坐着打瞌睡　　**C** 趴在桌子上睡

第46天 有·趣·的·汉·字　月　日

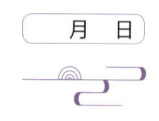

五花八门的"坐"

> "坐"字是两个人在土上对坐。——曹伯韩

"二人土上坐"就是"坐"字。在古代，古人是不坐在椅子上的，而是两膝相并，双脚在后，脚心朝上，臀部落在脚跟上。

除了"坐"，古人的标准坐姿还有"跪"。"跪"是危坐，即两膝着地，腰挺直，正身而跪。阎若璩编撰的《四书释地又续》中说："两膝着地，伸腰及股而势危者为跪。"跪和坐的区别是，跪时臀部不落在脚跟上。

还有一种坐姿是"踞"，即双脚分开，脚掌和臀部着地，双膝高耸。宋代朱翌著的《猗觉寮杂记》（卷下）中说："盖古者坐于席，无今之椅凳之类，故坐则跪，行则膝前，是足向后……为敬。若伸两足，则手据膝，故若箕状。箕踞乃不对客之容。"

两个人在土上对坐

提问

跪和坐的区别是_____。
A 跪时脚心朝下　　B 坐是在椅子上　　C 跪时臀部不落在脚跟上

第47天 有·趣·的·汉·字 月 日

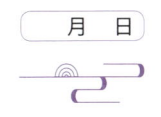

五花八门的"我"

> 代名词——如我、汝、彼、此("我"可能是戈一类的武器;"汝"字是水名,都假借作人称代名词;"彼"字的意思是"往有所加","此"字是"止",都是动词,现在借作指示代名词)。
> ——曹伯韩

在古汉语中,"我"的意思和现在不同。一般来说,凡带"戈"字旁的字,都与士兵、战事相关,"我"也不例外。《说文解字》中说:"我,一曰,古殺字。""我"在古代应当是横杀武器或锯杀武器。

在古代,通常用来表示"我"的意思的字有余、吾、予、愚等;古代帝王称呼自己时会用朕、孤、寡人、不谷等词;古代臣子对自己的称呼有臣、微臣、下臣、老臣、末将、下官等;古代老人对自己的称呼是老朽(男子)、老身(女子);古代女子称呼自己时常用奴家、妾、民女等;古代的青年学子称呼自己时常用晚生、学生等词。

有趣的知识又增加啦!

提问

古代帝王会用_____来称呼自己。
A 朕　　**B** 寡人　　**C** 以上都是

有趣的成语

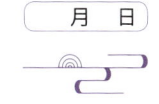

东施效颦

成语故事

西施是春秋时期越国的美女,天生丽质,被人们称为"西子"。只要西施一出现,人们就会争先恐后地围观她的花容月貌。无论她做什么动作,人们都觉得美得不可方物。一天,西施病了,她一边皱着眉头,一边按着心口走路。同村的东施看到了,便模仿她的动作,却丑得可怕,反而被人讥笑。这个故事被称为东施效颦(pín)。

西施

成语解读

东施模仿失败的原因是没能从实际出发,只是一味地盲目模仿。因此,东施效颦被用于比喻盲目模仿别人,结果适得其反。东施效颦中的"颦"字为"皱眉"的意思。

提问

人们把西施称为_____。

A 东子　　**B** 西子　　**C** 南子

第49天 有·趣·的·成·语

月　日

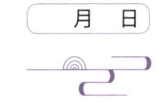

风吹草动

成语故事

春秋时期，楚平王因听信奸臣费无忌的谗言，打算废掉太子。为此，他找到太子的师父伍奢，想让他诬陷太子谋反。但是伍奢拒绝了楚平王的请求，被关入大牢。之后，楚平王设计杀害了伍奢及其长子，伍奢的次子伍子胥有幸躲过一劫，并由此走上了逃亡之路。伍子胥为人谨慎，在逃亡路上一有风吹草动，就立即躲藏起来。最终，伍子胥成功逃往吴国，一路辅佐吴王阖（hé）闾（lú）壮大吴国实力。后来，伍子胥帮助吴王阖闾攻打楚国，报了父兄之仇。

伍子胥

成语解读

风吹草动形容伍子胥在逃亡途中非常紧张的情形下战战兢兢的状态，后被人用来比喻轻微的变动。

提问

伍子胥的父亲被_____杀害了。
A 楚平王　　**B** 楚庄王　　**C** 楚怀王

第50天 有·趣·的·成·语　　月　日

郑人买履

成语故事

战国时期，有一个郑国人想买一双鞋。为了方便，他用绳子量自己的脚长，然后开心地出门买鞋。

结果，到了集市上，他发现自己忘了拿量自己脚长的绳子，于是掉头往家跑。等他拿着绳子回到集市，集市早就散了。

最终，他没有买到鞋。听完他的遭遇，邻居问他为什么不直接用自己的脚去试穿，没想到他却说自己只相信绳子量出来的尺寸。

成语解读

郑人买履的故事告诉我们：无论做什么，一定要懂得随机应变，以实际情况为基础来调整自己的计划和行为，千万不能墨守成规，那样只会闹笑话。

提问

郑国人为了买鞋，用_____来量脚长。
A 尺子　　**B** 绳子　　**C** 手掌

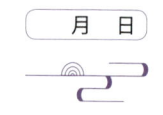

守株待兔

成语故事

很久以前,有一个勤劳的宋国人,每天在田地里辛勤劳作,他种的庄稼长得非常不错。一天,这个人在田地里劳作,突然,一只兔子飞快地从他眼前跑过,然后不偏不倚撞在田地边的树桩上。这个人看了,急忙跑过去,却发现那只兔子已经撞死了。

"今天可真幸运啊,白捡了一只兔子!要是每天都能捡到一只兔子,那该多好啊!"宋国人高兴地拎起兔子回家了。

第二天起,他不再去田地里耕作,而是每天守在树桩旁,等待下一只撞树的兔子。只可惜,时间一天天过去,他始终没等到第二只兔子,而他的庄稼也被野草淹没了。

成语解读

守株待兔,后被人比喻为不主动地努力,而是抱着侥幸心理,希望得到意外的收获。也比喻死守狭隘的经验,不知变通。

提问

宋国人一共捡到几只兔子?
A 0只　　**B** 1只　　**C** 2只

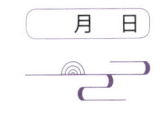

口若悬河

成语故事

西晋时，有一个名叫郭象的年轻人，才学出众，主要研究老子和庄子的学说，是当时颇具名气的大才子。郭象是个非常善于言谈的人，说起话来滔滔不绝。

郭象步入仕途后，凭借出众的才学在政坛大展拳脚，能够针对时政发表清晰而深刻的见解。太尉王衍称赞他说话就像一条倒悬的河流，滔滔不绝地往下灌注，永远没有枯竭的时候。这便是"口若悬河"的由来。

成语解读

所谓口若悬河，是形容一个人非常擅长说话，说话像瀑布流泻一样滔滔不绝，也形容一个人能言善辩。

提问

口若悬河是_____称赞郭象的话。
A 王行　B 王衍　C 王衒

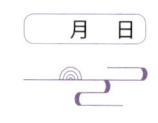

洛阳纸贵

成语故事

西晋文学家左思小时候是个非常普通的孩子。他不仅其貌不扬,而且资质平平,就连他的父亲都认为他是个无才之人。

为了证明自己的才能,左思开始日复一日地发奋读书。最终,在左思坚持不懈的努力下,他的文采渐渐展露出来,而他也在此时开始创作《三都赋》。

历经十年努力,左思最终写出了名震天下的《三都赋》。人们竞相抄阅这部巨著,很快就让洛阳城里的纸张供不应求,而纸价也随之水涨船高,这便是所谓的"洛阳纸贵"。

成语解读

洛阳纸贵后用来借指著作广泛流传,风行一时。

提问

左思花了_____年时间创作《三都赋》。
A 八　　B 九　　C 十

第54天 有·趣·的·成·语

月 日

毛遂自荐

成语故事

公元前259年，赵国都城邯郸被秦国大军围困，危难之际，赵国的平原君决定在门下的众多食客中挑选二十个文武双全之人，带着他们去楚国求援。

经过一番挑选，还缺一个人选。这时，一个名叫毛遂的食客主动请缨。平原君一开始并不看好他，但在听完毛遂的自荐话语后，决定带着他和其他十九个食客去楚国。

在楚国的朝堂上，无论平原君和其他食客如何劝说，楚王都不愿出手相助。这时，毛遂再次上前，三言两语便劝服了楚王，并促成了赵楚联盟。最终，在楚国的帮助下，赵国的邯郸之围被成功化解。

成语解读

现用毛遂自荐借指自己推荐自己。

提问

平原君要选_____个食客去楚国求援。
A 二十　　**B** 十九　　**C** 十八

第55天 有·趣·的·成·语　　月　日

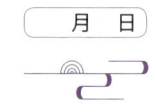

南柯一梦

成语故事

相传唐朝有一个名叫淳于棼（fén）的人，为人不拘小节，非常喜欢喝酒。一天，淳于棼在自家院子的古槐树下和友人们喝酒聊天，喝得酩酊大醉。

酒醉之中，淳于棼做了一个奇怪的梦：他去了一个叫作大槐安国的地方，见到了大槐安国的国王，并被封为南柯太守，之后淳于棼便在大槐安国生活了三十年，其间政绩突出，家庭幸福。

就在淳于棼沉醉在幸福中时，檀萝国派兵攻打大槐安国，淳于棼被派去领兵打仗。结果，不懂军事的他被敌军击败，他也因此丢了官……这时，淳于棼突然惊醒，惊慌之余才发现原来一切都是梦一场。

成语解读

后人用南柯一梦泛指一场梦，或比喻一场空欢喜。

提问

淳于棼在梦中的大槐安国担任_____太守。
A 东柯　　**B** 南柯　　**C** 北柯

第56天 有·趣·的·成·语   月 日

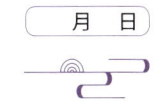

破镜重圆

成语故事

隋朝初年,隋文帝为了统一全国,对南方的陈朝发动了大规模的进攻。眼看隋军来袭,乐昌公主的驸马徐德言预感陈朝即将灭亡,于是将一面铜镜一分为二,和乐昌公主一人持一半,以此作为日后重逢的凭证。

果然,陈朝最终被隋朝灭亡,乐昌公主以俘虏的身份被送去隋朝大臣杨素府上,成为他的侍妾。若干年后,徐德言按照之前的约定,在元宵节那晚于街头叫卖身上的半面铜镜,不料遇到了一个正在叫卖另一半铜镜的老仆人。

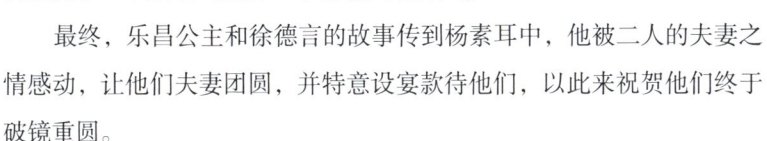

最终,乐昌公主和徐德言的故事传到杨素耳中,他被二人的夫妻之情感动,让他们夫妻团圆,并特意设宴款待他们,以此来祝贺他们终于破镜重圆。

成语解读

后人用破镜重圆比喻夫妻失散或决裂后又团圆。

提问

徐德言将_____镜一分为二。
A 铜　　**B** 石　　**C** 铁

第57天 有·趣·的·成·语　月　日

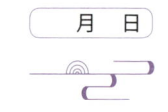

请君入瓮

成语故事

唐朝武则天当政的时候，周兴和来俊臣是当时最出名的两大酷吏。一天，武则天收到一封告密信，声称周兴意欲谋反。震怒之余，武则天下令让来俊臣彻查此事。

为了让周兴说实话，来俊臣假意问周兴："犯人不肯认罪怎么办？"周兴说："找个大瓮，四周用炭火烤热，把犯人装进去，还有什么事他会不承认呢？"来俊臣遂叫人搬来一个大瓮，点上炭火，对周兴说："奉命审问老兄，请老兄入瓮！"周兴吓得连忙磕头认罪。

成语解读

后人用请君入瓮形容拿某人整治别人的法子来整治他自己。也借指设计好圈套引人上当。

提问

周兴和来俊臣是_____当政时期的酷吏。
A 李世民　　B 武则天　　C 李治

第58天 有·趣·的·成·语

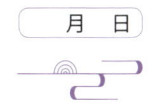

按图索骥

成语故事

春秋时期,秦国的伯乐擅长相马。无论什么样的马,他一眼就能分出优劣。他把自己多年积累的相马经验和知识写成了一本书,叫《相马经》。

伯乐有个儿子,把《相马经》背得很熟,以为自己也有了识马的本领。一天,他出门看见一只癞蛤蟆,想起《相马经》里说千里马有"高大的额头,像铜钱般大而圆的眼睛;蹄子圆大而端正,像堆叠起来的酒曲块"。他非常高兴,心想:"这家伙额头隆起,眼睛又大又亮,不正是一匹千里马吗?"便把癞蛤蟆带回家给父亲看。"父亲,我找到一匹千里马,只是蹄子稍差些。"伯乐一看,哭笑不得:"可惜这马太喜欢跳了,不能拉车啊!"

成语解读

按图索骥后用来比喻做事拘泥于成法,不能灵活变通。

提问

伯乐的儿子按照《相马经》找到了一只_____。
A 兔子　　**B** 乌龟　　**C** 癞蛤蟆

第59天　有·趣·的·成·语　　月　日

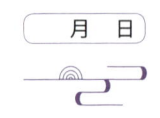

抱薪救火

成语故事

战国时期，魏国频繁受到秦国的侵略。魏国的安釐(lí)王即位后，秦国加紧进攻，魏国连连战败。魏国没有办法，只得割让土地。

一次，安釐王要把南阳割给秦国，请求罢兵议和。这个打算被一个叫苏代的谋士知道了，他极力劝说安釐王："侵略者都是贪得无厌的。想用领土去换取和平，是办不到的。只要国土还在，就无法满足秦国侵略的贪欲。这好比抱着柴草去救火，柴草一把一把地投入火中，火怎么能扑灭呢？"

尽管苏代讲得头头是道，可胆小的安釐王只顾眼前的太平，还是把魏国的大片土地割让给秦国。果然，秦军还是不断向魏国发起进攻，最终灭掉了魏国。

成语解读

后人用抱薪救火来比喻以错误的方法消除灾祸，结果反而使灾祸扩大。

提问

安釐王为了眼前的太平，仍然将_____割让给秦国。
A 肉　　**B** 土地　　**C** 水稻

对牛弹琴

成语故事

战国时期,有一个叫公明仪的音乐家,他七弦琴弹得非常好,很多人都喜欢听他弹琴。

一天,公明仪来到郊外,春风徐徐地吹着,一头黄牛正在草地上低头吃草。公明仪一时兴起,拨动琴弦,给这头牛弹起了最高雅的乐曲。老黄牛却对他不理不睬。

公明仪想,这支曲子可能太高雅了,于是换了个曲调,但老黄牛仍然毫无反应。公明仪拿出自己的全部本领,弹奏最拿手的曲子,老黄牛还是无动于衷。

最后,公明仪用古琴模仿离群的小牛犊(dú)发出的哀鸣声,老牛才竖起耳朵,专注地听了起来。

成语解读

对牛弹琴用来比喻对不讲道理的人讲道理,对不懂得美的人讲风雅,也用来讥讽人讲话时不看对象。

提问

公明仪弹的是_____。
A 六弦琴　　B 七弦琴　　C 八弦琴

夜郎自大

成语故事

西汉时期，西南地区有一个夜郎国，夜郎国国土面积不大、人口也很少，但它是西南地区最大的独立国家，因此孤陋寡闻的夜郎国君认为夜郎国是天下最大的国家。

后来，西汉派使者出使夜郎，没想到夜郎国君在见到使者后，竟然傲慢地问："我的国家和汉朝相比，哪个更大？"

西汉使者听后不禁大笑，他拿出地图献给夜郎国君，上面画着西汉大大小小好几十座城池，而夜郎国还不如其中最小的城池大。

成语解读

现用夜郎自大比喻妄自尊大的人。

提问

夜郎国位于_____地区。
A 西北　　B 西南　　C 东南

第62天　有·趣·的·成·语　　月　日

画饼充饥

成语故事

卢毓（yù）是三国时期魏国很有名气的一位大臣，很受魏明帝的赏识和重用。他为人正直，廉洁自律，后来还当上了吏部尚书，成为掌管官员人事变动的大官。

卢毓升任吏部尚书之前，在朝中担任侍中。等他调职了，这个职位就空缺了，魏明帝要卢毓推荐合适的人选接任侍中，并且说出自己的选拔意见。

魏明帝说："这次选拔是你上任后的第一件任务。怎样选拔合适的人，你心里应该有数。我想，挑选人才最重要的素质是能做实事，很多人名气很大，做事却不行。人的名气就像在地上画的饼，可以看，却不能填饱肚子。你要注意啊！"

成语解读

画饼充饥是一种不切实际的做法，即使画成千上万个饼，也不可能真的填饱肚子。这个成语告诉人们做事要脚踏实地。

提问

魏明帝让卢毓推荐_____。
A 吏部尚书　　B 侍中　　C 小兵

叶公好龙

成语故事

古时候，楚国有个被称作叶公的人，非常喜欢龙。他穿的衣服上绣着龙，戴的帽子上镶着龙，家里的墙壁上画着龙，柱子上雕着龙。这些龙张牙舞爪，好像在云雾里飞翔。看到叶公如此喜欢龙，天上的一条真龙便去拜访他。

真龙现身时，叶公却吓得脸色发白，浑身发抖，连忙逃跑了。原来，他并不是真的喜欢龙。

成语解读

后人用叶公好龙比喻嘴上说爱好某事物，其实并不是真正爱好它。

提问

叶公是_____国人。
A 楚　　B 赵　　C 韩

第64天 有·趣·的·成·语　　月　日

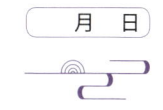

一叶障目

成语故事

很久以前,楚国有一个出身贫寒的书生。一天,这个书生在书中看到螳螂捕蝉的故事,得知螳螂用树叶遮挡身体就能不被其他昆虫察觉。书生立马来了兴致,想拥有书中的"神叶"。

书生当即跑到大树下,要将螳螂用来遮挡身体的树叶拿走。不料一阵大风吹过,那片树叶和其他树叶混在一起。无奈之下,书生只好把所有树叶背回家,然后一片接一片地挡在眼前,询问妻子能否看到自己。妻子被问得实在不耐烦,于是随口说看不见了。

书生听了高兴不已,立马将树叶挡在眼前,去街市上明目张胆地偷东西。最终,书生被抓去县衙,成为人们口中的笑谈。

成语解读

后人用一叶障目比喻被局部的或暂时的现象所迷惑,不能认清事物的全貌或问题的本质。

提问

螳螂捕蝉的故事中,螳螂用_____挡住身体。
A 花朵　　**B** 树叶　　**C** 树干

第65天 有·趣·的·成·语　　月　日

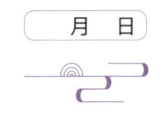

画龙点睛

成语故事

南北朝时期的梁朝,有一个名叫张僧繇(yáo)的画家,因其画作十分传神,所以成为当时众人追捧的画师。一次,梁武帝派张僧繇去金陵安乐寺,让他在寺院墙壁上画四条龙。

看到张僧繇画的四条龙,人们纷纷称赞他的画技高超。不过,由于这四条龙没有眼睛,人们总觉得美中不足。

在众人的请求下,张僧繇给其中两条龙画上了眼睛,没想到那两条龙竟然变成真龙飞走了。在场的人全都目瞪口呆,唯有张僧繇一人笑而不语。

成语解读

后人常用画龙点睛比喻艺术创作在关键处着墨,或写作、说话时在关键处加上精辟的词语,使内容更加生动、传神。

提问

张僧繇在寺院墙上画了_____条龙。
A 三　　B 四　　C 五

有趣的文学常识

第66天 有趣的文学常识

什么是诸子百家

> 这个时代，正是春秋战国的时代，中国各处都持续地陷在局部战争中，政治的、社会的纷扰达于极点；同时，传统的道德社会阶级以及思想，都为这个扰乱所摧坏。
> ——郑振铎

❶ 数量多达189家

诸子百家是对我国先秦至汉初时出现的诸多学派的统称，根据《汉书·艺文志》的记载，诸子百家的数量多达189家，其中流传度高、影响力大的有数十家。

❷ 思想家和学术派

诸子指的是各派的代表人物，如孔子、老子、墨子、孟子、庄子、荀子等思想家，亦指他们的著作；百家指的是各学派，即儒家、道家、墨家、法家、阴阳家、名家、杂家、农家、小说家、纵横家等。

❸ 百家争鸣真热闹

伴随诸子百家而来的，就是出现了百家争鸣的现象。不同的学派因拥有不同的思想体系而自成一派、互相辩驳。其中以孔子、老子、墨子三者为代表，他们是百家争鸣的中流砥柱。

提问

百家争鸣的中流砥柱是_____。
A 孔子、老子、墨子　　B 孔子、老子、孟子
C 庄子、孟子、墨子

什么是辞赋

> 到了汉代,作赋者大都雕饰浮辞,敷陈故实,作者的情感已不复见于字里行间,故几不能复称之为"诗",然而这种"赋"体在当时却甚发达。
>
> ——郑振铎

❶ 辞赋源自诗歌

"赋"原是诗歌表现手法之一,自屈原、宋玉以后,《诗经》里的简短的抒情诗歌已不复见,取而代之的是冗长的辞赋。

❷ 辞赋有五类

从辞赋的类别来看,主要可以分为骚赋、散赋、骈(pián)赋、律赋以及文赋五大类,其中以散赋成就最高,而散赋的最高形式是汉赋。

❸ 汉赋的特点

汉赋又可以分为骚体赋、大赋、小赋。骚体赋的代表作为贾谊的《吊屈原赋》《鵩(fú)鸟赋》,保留了加"兮"的传统。大赋规模庞大,结构恢宏,往往是成千上万个字的鸿篇巨制。小赋则篇幅较短、文采清丽,擅长讥讽时事、抒情咏物。

提问

散赋的最高形式是_____。
A 汉赋　　B 骚赋　　C 律赋

什么是建安文学

> 自屈原以至汉末,实无一个可称得大诗人的重要作家出现。直到了建安之时,才有大诗人曹植与曹操、曹丕、王粲(càn)、刘桢等起,而以曹植为尤伟大。
>
> ——郑振铎

❶ 曹氏集团的建安文学

所谓建安文学,指的是我国古代建安时期出现的文学风潮。从本质上来说,建安文学其实是曹氏势力统治下的文学。

❷ 建安七子

建安文学的代表以曹操、曹丕、曹植父子三人为主,还包括"建安七子"孔融、陈琳、王粲、徐干、阮瑀(yǔ)、应玚(yáng)以及刘桢。

❸ 建安名作

建安文学的代表作主要有《短歌行》《龟虽寿》《燕歌行》《蒿里行》《七步诗》《洛神赋》等。

曹操

提问

"建安七子"不包括_____。
A 孔融 **B** 曹操 **C** 阮瑀

什么是吴声歌曲

> 这个时代（晋宋之时），有所谓"吴声歌曲"者，系当时南方民间盛传之歌辞，大部分都是恋歌——极好的恋歌。
>
> ——郑振铎

❶ 晋宋民间歌辞

吴声歌曲指的是我国晋宋（两晋、南朝刘宋）之时在南方民间普遍盛行的歌辞，属于乐府《清商曲》的一部分。从内容来看，大多以歌颂男女爱情为主，感情真挚，内容感人。

❷ 代表作品

吴声歌曲的代表作主要有《子夜歌》《子夜四时歌》《华山畿》《读曲歌》《懊侬歌》等。

❸《静夜思》的原型

李白是借鉴吴声歌曲的高手，尤其是对《子夜歌》的借鉴，十分出色。脍炙人口的《静夜思》就与《子夜四时歌·秋歌》中的"仰头看明月，寄情千里光"意境相通。

提问

吴声歌曲是晋宋之时在_____民间盛行的歌辞。
A 北方　B 南方　C 西方

什么是骈文

❶ 中国古典文学的特有文体

骈文是中国古典文学的特有文体，是与散文相对而言的。它的主要特点是以四六句式为主，讲究对仗，因句式两两相对，犹如两马并驾齐驱，故称"骈文"。

❷ 骈文的兴衰

骈文由于迁就句式，堆砌辞藻，往往影响内容表达。韩愈、柳宗元提倡古文运动后，骈文首遭一挫。韩、柳去世后，骈文影响又起，李商隐、温庭筠、段成式皆为骈文大家。在宋朝欧阳修等人率领的第二轮古文运动后，散文大家迭出，而骈文自此渐衰。

❸ 代表作

鲍照的《芜城赋》、孔稚珪的《北山移文》、庾信的《哀江南赋》都是骈文的代表作。

> **提问**
>
> 骈文是与_____相对而言的。
> A 杂文　　B 戏文　　C 散文

读一读

北山移文（节选）
[南北朝] 孔稚珪

钟山之英，草堂之灵，驰烟驿路，勒移山庭。

夫以耿介拔俗之标，萧洒出尘之想，度白雪以方洁，干青云而直上，吾方知之矣。

什么是全唐诗

① 诗人盛世

唐太宗李世民甚好文学，开文学馆，广纳文士。之后高宗、武后、玄宗都非常注重辞章，且以诗录用人才，所以当时的官员都能作诗。诗人如璀璨群星，唐代也被称赞为诗歌发展的"黄金时代"。

② 49400 余首

《全唐诗》是清朝康熙年间彭定求等人奉敕编纂的古籍。共 900 卷，作者 2800 余人，收录诗歌 49400 余首。

③ 群星闪耀

唐朝涌现了一大批杰出诗人。初唐的著名诗人有杨炯、王勃、卢照邻、骆宾王等。盛唐的著名诗人有李白、杜甫、王维、孟浩然、王昌龄等。中唐的著名诗人有韩愈、柳宗元、白居易、元稹、刘禹锡等。晚唐的著名诗人有杜牧、李商隐、温庭筠等。

李白

杜甫

提问

唐代是诗歌发展的_____时代。
A 白金　　B 黄金　　C 青铜

什么是花间派

> 这种新诗体,其导源远在萧衍(公元5世纪后半叶至6世纪之前半)之时。……至五代之时(10世纪),则它差不多要占夺了五七言古律诗的地域了。
>
> ——郑振铎

❶ 特殊的历史背景

五代时期,全国战事不断,在这个背景下,这一时期的文学较之前代有了明显衰落的迹象,鲜有成就。但这一时期有一个最显著的发展特点,那就是词的创作迎来了新发展,出现了以花间派为代表的词人群体。

❷ 花间派

花间派的鼻祖是唐代诗人温庭筠,以韦庄、皇甫松、和凝、薛昭蕴、顾夐(xiòng)、鹿虔扆(yǐ)等诗人为代表,旨在通过婉约的表现手法来营造朦胧、幽深的意境。

温庭筠

❸ 花间派的代表作

花间派的代表作主要有温庭筠的《菩萨蛮·小山重叠金明灭》、韦庄的《菩萨蛮·人人尽说江南好》、鹿虔扆的《临江仙·金锁重门荒苑静》。

提问

花间派以_____诗人温庭筠为鼻祖。
A 隋朝　　B 唐朝　　C 宋朝

什么是小说

> 中国文艺作品大都为古奥渊雅的,专供所谓"士"的一阶级所阅读的。如唐人传奇的一类小说,其高深的文辞,也非一般民众所能享受。
> ——郑振铎

❶ 小说的由来

"小说"一词最早出现在《庄子·外物》中,现指的是同时具备人物、情节、环境三要素,以反映社会生活为主的文学体裁。今天,它和诗歌、散文、戏剧并称"四大文学体裁"。

❷ 小说的类别

按照篇幅长短,可以分为长篇小说、中篇小说、短篇小说以及微型小说;按照内容,可以分为神话、仙侠、武侠、科幻、悬疑以及古传等类别;按照小说体制,可以分为章回体小说、日记体小说、书信体小说以及自传体小说等。

❸ 古典小说四大名著

在我国众多的古典小说中,《三国演义》《水浒传》《西游记》《红楼梦》被称为"四大名著"。

提问

小说三要素不包括_____。
Ⓐ 结局　　Ⓑ 人物　　Ⓒ 情节

第74天 有趣的文学常识

第一部词典是什么

> 《尔雅》是周代的字书,为古代训诂(gǔ)学的权威著作。 —— 曹伯韩

❶ 第一部词典

《尔雅》是我国的第一部词典,最早收录于《汉书·艺文志》,但未记录作者姓名。书中收录了比较丰富的古汉语词汇。

❷ "尔雅"是什么意思

"尔"是"近"的意思,"雅"是"正"的意思。"尔雅"的意思是接近、符合正确的语言。

❹ 不只是词典

《尔雅》不仅是一部词典,在汉代时还被视为儒家经典。唐文宗开成年间刻开成石经时,《尔雅》被列入经部。到宋代,《尔雅》被列为十三经之一。

提问

《尔雅》是我国的第一部词典,还被视为_____。
A 汉书　　**B** 儒家经典　　**C** 小说

第一部诗歌总集是什么

> 从文学史上看来,《诗经》的影响亦极大,汉至六朝的作家,除了《楚辞》以外,所受到的影响最深的就是《诗经》了。
>
> ——郑振铎

❶ 历史上最早的诗歌总集

《诗经》编成于春秋时代,是我国历史上最早的诗歌总集,因其收录了305篇诗歌,故又被称作"诗三百"。

❷ 内容丰富

从内容来看,《诗经》大致可分为"风""雅""颂"三部分,主要以西周初年至春秋中叶约五百年间的社会风貌为主,内容涉及人们的劳动、婚姻、祭祀、宴会、战争、徭役、风俗、天象、地貌等。

❸ 世人立言、立行的标准

相传孔子曾修订《诗经》,并将其宗旨用"无邪"二字概括。在孔子看来,《诗经》可以被看作世人立言、立行的标准。

提问

《诗经》共收录_____篇诗歌。
A 300　　B 305　　C 311

第一部文选是什么

> 过去文学的分类，非常烦琐，如《昭明文选》分诗文为三十七类。
> ——曹伯韩

❶ 历史上最早的诗文总集

《昭明文选》又称《文选》，是中国现存最早的一部诗文选集，由南朝梁武帝的长子萧统组织文人共同编选。萧统的谥号是昭明，所以他主编的这部文选被称作《昭明文选》。

❷ 第一次划清了文学与非文学的界限

《昭明文选》收录自先秦至南朝梁的诗文辞赋，不选经子，共700余篇。这部选集里，萧统初步将文学与其他类型的著作进行了区分。

❸ 文学教科书

《昭明文选》选材严谨、注重辞藻，所选的大多是风格典雅之作。编好后即为宫廷文学教育读本，一向被视为文学教科书，是士子们必读的书。

提问

《昭明文选》是由_____主编的。

A 萧纲　　**B** 萧绎　　**C** 萧统

第77天 有·趣·的·文·学·常·识　月　日

第一部字典是什么

> 最初的文字学者,以著作《说文解字》的许慎为最伟大。
>
> 曹伯韩

❶ 中国最早的字典

《说文解字》,简称《说文》,是东汉经学家、文字学家许慎编著的工具书著作,是中国最早的字典,也是世界上最早的字典之一。

许慎

❷ 首创汉字部首

《说文解字》首创汉字部首,顺应了统一汉字的时代要求,将汉字中相同的形旁作为分类的基准,分540个部首排列,从"一"部开始到"亥"部结束,每部的第一个字就是部首。

❸ "说文解字"的含义

《说文解字》之名包括两层意思:一是"说文",二是"解字"。"文"与"字"不是同一概念,许慎把图画似的符号分类为"文",把形与形、形与声结合的符号分类为"字"。

提问

《说文解字》里有_____个部首。
Ⓐ 530　　Ⓑ 540　　Ⓒ 550

第一部国别体史书是什么

> 这部书的性质与《春秋传》不同。《春秋传》是编年的体例,《国语》则分国叙述。
> —— 郑振铎

❶ 第一部国别体史书

《国语》是我国历史上的第一部国别体史书,相传是由春秋时期的史学家左丘明创作的,内容以西周末年和春秋时期周鲁等国君臣的言论为主。

❷ "国语"之名的由来

《国语》的编纂方法是"以国分类,以语为主",分周、鲁、齐、晋、郑、楚、吴、越八国记事,因此得名《国语》。

❸ 先秦研究的重要典籍

《国语》详细记载了春秋时期各个诸侯国的政治、经济、军事、外交、法律以及婚姻等领域的内容,在一定程度上有助于后人对先秦历史的研究。

提问

《国语》是我国历史上的第_____部国别体史书。

A 三　　B 二　　C 一

第一部纪传体断代史是什么

> 《史记》为通史,而《汉书》则为断代的,起于汉之兴,而终于西汉之亡。——郑振铎

❶ 纪传体断代史

《汉书》又被称作《前汉书》,是东汉史学家班固编撰的纪传体断代史史书,记载了公元前206年至公元23年间的历史。其中,《汉书》中的八表是由班固的妹妹班昭补写的。

❷ "前四史"

作为我国历史上继《史记》之后出现的又一部史学巨著,《汉书》和《史记》《后汉书》《三国志》并称"前四史"。

❸ 开断代史之体例

《汉书》成功开启了我国断代史的史书编写方法,也进一步扩大了我国后世的历史研究领域。

班固

提问

《汉书》的别称是_____。
A《前汉书》　　B《后汉书》　　C《新汉书》

了不起的文学大家

原来屈原是贵族

> 屈原是《楚辞》中最伟大的一个作家,全部《楚辞》中,除去几篇别的作家的作品外,便可以成了一部"屈原集"。
> ——郑振铎

❶ 楚国贵族出身

屈原本名芈(mǐ)平,字灵均,是战国时期楚国的贵族,也是杰出的政治家和诗人。早年很受楚怀王的信任,曾任左徒、三闾大夫等职。后受到楚国贵族的排挤,楚顷襄王时期被流放。

❷ 浪漫主义文学的奠基人

屈原是一位出色的诗人,他开辟了"香草美人"的创作传统,是我国浪漫主义文学的奠基人。

屈原

❸ 楚辞之祖

屈原的代表作有《离骚》《九歌》《九章》《天问》等,这些作品都被收录在《楚辞》中,由于其影响深远,因此屈原被称作"楚辞之祖"。

提问

屈原开辟了_____的创作传统。
A 香草美人　　**B** 浪漫主义　　**C** 写实主义

原来宋玉创造了"下里巴人"

> 宋玉是次于屈原的一位楚国的大作家。他的作品在《楚辞》中只有两篇，一为《九辩》，一为《招魂》。
>
> ——郑振铎

❶ 楚国辞赋

宋玉是战国时期楚国著名的辞赋家，曾为楚顷襄王效力。《九辩》《招魂》是他的代表作。

❷ 师承屈原

宋玉生在屈原之后，虽然他的文学成就比不上屈原，但在一定程度上可以被看作是屈原诗歌艺术的直接继承者。他在楚辞和汉赋之间起到了重要的承前启后的作用。

宋玉

❸ 下里巴人和阳春白雪

下里巴人和阳春白雪是和宋玉有关的典故，出自《文选·宋玉·〈对楚王问〉》。下里巴人的原义是指战国时期楚国民间流行的通俗歌曲《下里》和《巴人》，后泛指通俗易懂的文学艺术作品。阳春白雪原义是指楚国的高级歌曲《阳春》和《白雪》，后泛指高雅的文学艺术作品。

提问

宋玉的代表作不包括_____。
A《九辩》　　B《招魂》　　C《离骚》

原来刘向是目录学鼻祖

> 《战国策》初名《国策》,或名《国事》,或名《短长》,或名《长书》,或名《修书》,卷帙亦错乱无序。汉时,刘向始把它整理过,定名为《战国策》。
> —— 郑振铎

❶ 宗室大臣

刘向本名更生,字子政,是汉朝的宗室大臣。汉成帝时,任光禄大夫一职。

❷ 目录学鼻祖

汉成帝时,刘向奉命整理宫廷藏书,每本书撰写叙录一篇,其子刘歆将其汇录成书,即《别录》。这是我国历史上最早的分类目录书,而刘向也因此被后世视作我国目录学的鼻祖。

刘向

❸ 整理编辑《战国策》

《战国策》一书原本有《国策》《国事》《短长》《事语》《长书》《修书》等名称和本子,后经刘向整理编辑,才定名为《战国策》。

提问

《战国策》的别称不包括_____。
A 《国策》　　B 《国事》　　C 《别录》

第83天 了不起的文学大家

月 日

原来陶渊明是田园诗鼻祖

> 陶潜可谓六朝中最伟大的诗人,除曹植外无可与之比肩者。他的出现,可谓异军突起,其作品乃绝不类于前代的作家,亦绝不类于并世及后来的诸诗人。
>
> 郑振铎

❶ 五柳先生

陶渊明,名潜,字渊明,号五柳先生,是东晋时期杰出的诗人、辞赋家和散文家,代表作品有《饮酒》《桃花源记》《归去来兮辞》等。

❷ 田园诗鼻祖

陶渊明是我国历史上第一位田园诗人,因此被称作"田园诗鼻祖"。田园诗不仅是他写得最多的诗歌,也是他成就最高的诗歌。

陶渊明

❸ 不为五斗米折腰

陶渊明曾任彭泽县令一职,后因不愿向官场小人俯首称臣而辞官,留下了"不为五斗米折腰"的美谈。

提问

陶渊明是_____时期的诗人。
Ⓐ 东晋　　Ⓑ 西晋　　Ⓒ 后晋

第84天　了不起的文学大家　　月　日

原来曹植写下了《七步诗》

> 曹植,字子建,生于公元192年,死于公元232年。其作品不唯为曹氏三诗人中的最伟大者,且亦为当时诸文士的领袖,世称"天下共有才十斗,子建独有其八"。
>
> ——郑振铎

❶ 曹操之子

曹植,字子建,是三国时期杰出的文学家之一,更是建安文学的重要代表人物。他是魏武帝曹操之子,魏文帝曹丕之弟。

❷ 七步成诗

曹植的哥哥曹丕登上帝位后,因忌惮曹植的能力,故意刁难他,让他在七步内写一首诗。曹植临危不乱,最终写出了流传至今的《七步诗》。

❸ 洛水感怀

曹植在途经洛水时,有感而发,写出了名篇《洛神赋》。在这篇作品中,曹植将自己的美好理想寄托在洛神身上,表达了对理想破灭的无尽哀愁。

曹植

提问

曹丕刁难曹植,让他在_____步内写出一首诗。
A 五　**B** 七　**C** 九

第85天 了不起的文学大家

原来蔡邕是蔡文姬之父

> 蔡邕字伯喈（jiē），陈留圉（yǔ）人，生于公元132年，死于公元192年。为汉末最负盛名之文学者。
>
> ——郑振铎

❶ 东汉名臣

蔡邕是东汉才女蔡文姬的父亲，灵帝时为议郎，董卓专权时被迫为侍御史，官左中郎将，人称蔡中郎。后被王允所捕，死于狱中。

❷ 才华横溢

蔡邕不仅是个名臣，而且是个才华横溢之人。他精通音律，文采超然，是当时颇具名气的文学家，代表作品有《蔡中郎集》。

❸ 创"飞白书"字体

蔡邕还在书法方面颇有造诣，尤其擅长隶书，独创"飞白书"字体，对后世书法产生了深远影响。

蔡邕

提问

蔡邕尤其擅长_____。
A 隶书　　**B** 楷书　　**C** 行书

原来李白是剑客

> 白诗以飘逸清俊胜，如天马之行空，如怒涛之回浪。
> —— 郑振铎

❶ 李白是诗仙

李白，字太白，号青莲居士，自称祖籍陇西成纪（今甘肃静宁西南），出生于701年，逝世于762年，是唐代伟大的浪漫主义诗人，被后人誉为"诗仙"。

❷ 能文能武

李白的《与韩荆州书》可以算作他前半生的自传："白，陇西布衣，流落楚、汉。十五好剑术，遍干诸侯。三十成文章，历抵卿相。"他不仅诗好，而且15岁就已学习剑术。

❸ 留下太多佳作

李白的《远别离》《蜀道难》都是不朽的杰作，音调锵亮，文辞流顺，如明珠转于玉盘，瀑布倒于深潭，使人非一口气读完不可。此外，他的《梦游天姥吟留别》等作品，描画出他幻想中的场面，使人惊叹于他丰富的想象力。

提问

李白字_____。
A 太白　　B 太虚　　C 太黑

原来韩愈是"文章巨公"

> 他提倡古文,力挽当时颓靡的文风,后来散文受其影响者至深。他的诗也严正古拙,颇有人以他为规法。
>
> ——郑振铎

❶ 四"家"合一

韩愈,字退之,自称郡望昌黎,世称韩昌黎,是我国唐代的杰出文学家、政治家、思想家和哲学家。

❷ 文章巨公

韩愈享有"文章巨公"的美名,他在散文创作方面提出了"文道合一""气盛言宜""文从字顺"等主张,对后世散文创作产生极大的影响。

韩愈

❸ 代表作品

作为唐宋八大家之首,韩愈的作品数量非常多,代表作主要有《师说》《杂说》《进学解》《送孟东野序》《柳子厚墓志铭》等。

提问

韩愈字_____。
A 退之　　B 进之　　C 去之

原来杜甫是"旅游达人"

> 他的诗为最足以见他的性情及行为的,中国的诗人没有一个能够如他一样可于其诗中求其详细的生平及性格的。
> ——郑振铎

❶ 诗圣

杜甫,字子美,自号少陵野老,出生于712年,770年病逝,是唐代诗歌的集大成者,被尊称为"诗圣",和李白并称"李杜"。

❷ 旅游达人

杜甫从小就见多识广,开元年间辞亲远游,历时数年,漫游吴越之地,又曾赴京赶考,后游历于齐、赵之间,算得上是一位"旅游达人"。

杜甫

❸ 诗中多见民间疾苦

杜甫是一位产量颇丰的诗人,一生所著诗歌内容涉及咏怀、宴游、山水等。同时,他的诗中也多见社会状况及当时的史事,如《三吏》《三别》等,反映了民间疾苦。

提问

杜甫自号_____。
A 少陵野老　　B 少爷野老　　C 小陵野老

原来苏轼是美食家

> 苏轼的诗豪迈奔放如他的词,且气象洪阔,铺叙婉转,黄庭坚、秦观、张耒、晁(cháo)补之等都曾多少的受其感化。
> ——郑振铎

❶ 唐宋八大家之一

苏轼,字子瞻,号东坡居士、铁冠道人,是北宋时期杰出的文学家、书画家,与韩愈、柳宗元、欧阳修、苏洵、苏辙、王安石、曾巩并称"唐宋八大家"。

❷ 豪放派代表

苏轼是宋代文坛豪放派的代表人物之一,其词作风格豪放不羁。他和辛弃疾并称为"苏辛",他们是豪放派的两大灵魂人物。

苏轼

❸ 地道的美食家

苏轼除了会写诗词外,还是个地道的美食家,东坡肉就是经他指点问世的美食。

提问

苏轼是_____的代表人物。
A 婉约派　　B 豪放派　　C 写实派

原来王安石是改革家

> 王安石少年时的诗,一往直前而无含蓄,晚来始见深婉不迫。
> —— 郑振铎

❶ 改革家

王安石,字介甫,号半山,世称王荆公,是北宋时期著名的文学家、思想家和改革家。宋神宗时期,王安石发动了一场著名的政治改革运动,旨在改变北宋立朝以来积贫积弱的局面,史称"王安石变法"。

❷ 文学成就突出

王安石的文学成就主要体现在散文创作上。他的散文短小精悍,逻辑严谨,具有超强的说服力,发人深省。代表作有《伤仲永》《答司马谏议书》《材论》等。

❸ 创"荆公新学"

除了文学创作,王安石还在经学方面颇有研究。他创立了"荆公新学",还利用"五行说"来解释宇宙的诞生,一举将我国古代辩证法推向新的发展高度。

提问

王安石号_____。
A 高山　　B 大山　　C 半山

原来欧阳修是三朝元老

第91天　了不起的文学大家

> 他在当时,以提倡古文得大名。然他虽在古文里所现出严肃的孔教徒的护道的脸孔,而在他的词中,却完全把他的潜在的、热烈的诗人真面目现出了。
>
> ——郑振铎

❶ 北宋文学家

欧阳修,字永叔,号醉翁、六一居士,是北宋著名的文学家和史学家,也是宋代文学史上成功开创一代文风的杰出领袖,位列"唐宋八大家"之一,与韩愈、柳宗元、苏轼一起被后世尊称为"千古文章四大家"。

❷ 历仕三朝

除了在文学领域发光发热外,欧阳修还在政坛上大展拳脚,他曾辅佐仁宗、英宗、神宗三朝帝王,历任翰林学士、枢密副使、参知政事等职。

❸ 史学成就

欧阳修曾参与修订《新唐书》,还编撰了《五代史记》(即《新五代史》),在史学方面取得了很高的成就。

欧阳修

提问

欧阳修号_____。
Ⓐ 渔翁　　Ⓑ 醉翁　　Ⓒ 老翁

第92天 了不起的文学大家　　月　日

原来关汉卿是"元曲四大家"之首

> 关汉卿为最先出的一个戏曲作家,他是大都人,号已斋叟,曾做过太医院尹。
> —— 郑振铎

❶ "元曲四大家"之首

关汉卿,号已斋叟,元代杰出的戏曲作家,与白朴、马致远、郑光祖并称"元曲四大家",位列"元曲四大家"之首。

❷ 元杂剧的奠基人

关汉卿是元杂剧的奠基人,他创作的杂剧不仅题材广泛,而且风格各异,既有悲剧也有喜剧,主旨都是揭露当时黑暗残忍的社会现实。

关汉卿

❸ 代表作众多

作为我国戏剧史上成果最丰硕的戏曲作家,关汉卿的作品大多脍炙人口、广为流传,以《窦娥冤》《救风尘》《望江亭》《鲁斋郎》《单刀会》为代表。

提问

关汉卿是"元曲四大家"之_____。
Ⓐ 首　　Ⓑ 尾　　Ⓒ 末

第93天 了不起的文学大家

原来汤显祖是"东方莎士比亚"

> 汤显祖为传奇作家中最伟大的一个,所作上抗《琵琶》《拜月》,下启阮大铖诸人,这个时代的诸作家中,直无一足以与他相比肩者。 ——郑振铎

❶ 中国戏圣之美誉

汤显祖,字义仍,号若士、海若、清远道人,是明朝杰出的戏曲作家、文学家,被后世称赞为"中国戏圣",甚至被誉为"东方莎士比亚"。

❷ "临川四梦"

临川四梦是汤显祖创作的《牡丹亭》《南柯记》《紫钗记》《邯郸记》这四部戏剧作品的合称。它们不仅是汤显祖的得意之作,也是世界戏剧艺术珍品。

汤显祖

❸ 对导演学的影响

汤显祖的《宜黄县戏神清源师庙记》不仅是我国戏曲史上论述戏剧表演的重要文献,还是我国古典戏曲导演学的拓荒之作。

提问

汤显祖的号不包括_____。
Ⓐ 苦海　　Ⓑ 海若　　Ⓒ 若士

第94天 了不起的文学大家　　月　日

原来孔尚任是孔子后人

> 孔尚任……作《小忽雷》及《桃花扇》二剧,《桃花扇》使他得了不朽的荣名。
> ——郑振铎

❶ 孔子后人

孔尚任,字聘之、季重,号东塘、岸堂、云亭山人,山东曲阜人,孔子64世孙,清初戏曲作家。

❷ 历史剧作的最高成就

孔尚任与洪昇并称"南洪北孔",被誉为康熙时期照耀文坛的"双星"。他们的作品《桃花扇》和《长生殿》是当时最成功、最有影响力的剧作。

孔尚任

❸ 国子监博士

孔尚任继承了儒家的思想传统与学术,因讲经而受到康熙帝赏识,被破格任命为国子监博士。

提问

孔尚任是孔子第_____世孙。
A 62　　B 63　　C 64

第95天 了不起的文学大家

月 日

原来蒲松龄是小说王

> Giles（翟理斯）曾译《聊斋志异》为英文，故在国外殊为著名。
>
> ——郑振铎

❶ 文学家

蒲松龄，字留仙，号柳泉居士，室名聊斋，世称聊斋先生。淄川（今山东淄博）人，清代杰出的文学家。

❷《聊斋志异》走向世界

蒲松龄的《聊斋志异》发行后，立即风靡一时，很早便走向了世界，现有20余种语言的译本。蒲松龄为世界创造了宝贵的精神财富。

蒲松龄

❸ 为百姓著书

作为一名在乡间很受尊敬的读书人，蒲松龄编过《农桑经》传播农业知识，编过《药祟书》讲解医药养生知识，还编过《日用俗字》普及文化知识。

提问

蒲松龄号_____。
A 柳州居士　　B 柳树居士　　C 柳泉居士

了不起的名篇佳作

了不起的《史记》

> 司马迁的《史记》，实较罗马的李维与塔西佗的著作尤为伟大，他这部书实是今古无匹的大史书，其绚烂的光彩，永如初升的太阳，不仅照耀于史学界，且照耀于文学界。
>
> ——郑振铎

❶ 第一部纪传体通史

《史记》，原名《太史公书》，是我国第一部纪传体通史，详细记录了黄帝至汉武帝太初年间三千年左右的历史。

❷ 司马迁的心血之作

《史记》的作者是西汉史学家司马迁，他于公元前104年开始编写《史记》，历时十四年才写完。

❸ 二十四史之首

《史记》是我国二十四史之首，在我国文学发展史上拥有至关重要的地位。鲁迅评价它为"史家之绝唱，无韵之《离骚》"。

司马迁

提问

司马迁花了_____年编写《史记》。
A 十一　　B 十三　　C 十四

了不起的《战国策》

> 《战国策》在文学上的权威,不下于《春秋》《左传》及《国语》。
> —— 郑振铎

❶ 战国历史典籍

《战国策》,又称《国策》,是西汉史学家刘向精心编订的一部国别体史书,内容以战国时期的策士游说活动为主,是后世研究战国历史的重要典籍。

❷ 优秀的历史散文集

《战国策》以阐明事理为宗旨,语言生动有趣,描写逼真写实,还运用了大量的寓言,具有较高的可读性,堪称一部优秀的历史散文集。

❸ 包含许多成语

《战国策》中诞生了不少脍炙人口的成语,比如南辕北辙、亡羊补牢、鹬蚌相争、引锥刺股、门庭若市、狡兔三窟、狐假虎威、惊弓之鸟等。

提问

《战国策》是_____史学家刘向编订的史书。
A 东汉　　**B** 西汉　　**C** 后汉

第98天 了不起的名篇佳作

了不起的《桃花源记》

> 陶渊明之《桃花源记》,理想也。其《归园田居》及《移居》诸诗,则实际也。
> —— 胡适

❶ 陶渊明的代表作

《桃花源记》是东晋文学家陶渊明的代表作之一,是《桃花源诗》的序言,选自《陶渊明集》。

❷ 理想与现实的差距

《桃花源记》通过对桃花源安宁和乐、自由平等的生活的描绘,表现出作者追求美好生活的理想和对现实生活的不满。

❸ 虚实结合

陶渊明写作时擅长白描,《桃花源记》便具有这种艺术风格。它的内容虽是虚构的世外仙境,但由于采用写实手法,虚景实写,给人以真实感,仿佛真有其事。

陶渊明

提问

《桃花源记》是_____文学家陶渊明的代表作。
A 东晋　　B 西晋　　C 北晋

背一背

晋太元中,武陵人捕鱼为业。缘溪行,忘路之远近。忽逢桃花林,夹岸数百步,中无杂树,芳草鲜美,落英缤纷。

第99天 了不起的名篇佳作

月 日

了不起的《滕王阁序》

> 六朝文在唐朝初年，还足以支配文坛，著名作家为王（勃）、杨（炯）、卢（照邻）、骆（宾王）四杰，王以《滕王阁序》著名，骆以《讨武后檄》著名。 ——曹伯韩

❶ 王勃的代表作
《滕王阁序》是唐代文学家王勃创作的一篇骈文。全文以四字句、六字句为主，句式错落，节奏分明。

❷ 引经据典
《滕王阁序》几乎通篇用典，有的是历史故事，有的是前人文句，用得自然而恰当，显得典雅而工巧。

❸ 金句频出
《滕王阁序》中有众多为人称颂的金句，如"落霞与孤鹜齐飞，秋水共长天一色""老当益壮，宁移白首之心？穷且益坚，不坠青云之志"等。

提问

《滕王阁序》是一篇_____。
Ⓐ 骈文　Ⓑ 散文　Ⓒ 作文

了不起的《阿房宫赋》

> 杜牧字牧之,京兆万年人,生于公元803年。……他性情豪迈,甚自负其经济才略,其诗亦慷慨悲凉,当时盛传之。
>
> ——郑振铎

❶ 杜牧的代表作

《阿房宫赋》是唐代文学家杜牧的代表作,写于唐敬宗宝历元年(825年)。全文运用丰富的想象,以铺叙、夸张的手法进行描述,富于抑扬顿挫的音乐节奏,语言富丽,气势雄健,风格豪放。

杜牧

❷ 借古讽今

当时朝廷大兴土木,修建宫室。《阿房宫赋》通过对阿房宫兴建及毁灭的描写,生动形象地总结了秦朝统治者骄奢亡国的历史教训,借古讽今,向唐朝统治者发出了警告。

❸ 阿房宫

阿房宫始建于公元前212年,至秦亡时尚未完工,遗址在今陕西省西安市南郊。

提问

《阿房宫赋》是_____的代表作。
A 杜甫　　B 杜牧　　C 杜鹃

了不起的《岳阳楼记》

> 范仲淹,字希文,吴县人,生于公元989年,官至枢密副使参知政事,公元1052年卒。
>
> ——郑振铎

❶ 范仲淹的代表作

《岳阳楼记》是北宋文学家范仲淹于庆历六年九月十五日,应好友巴陵郡太守滕子京之请,为重修岳阳楼而创作的一篇散文。

❷ 不以物喜,不以己悲

《岳阳楼记》通过写岳阳楼的景色,以及阴雨天和晴天带给人的不同感受,揭示了"不以物喜,不以己悲"的古仁人之心。

❸ 散文创新

《岳阳楼记》虽然是一篇散文,但穿插了许多对偶句,如"居庙堂之高则忧其民,处江湖之远则忧其君"。这些句子为文章增添了色彩,也成为散文写作的创新之举。

提问

《岳阳楼记》是范仲淹应好友 _____ 的邀请而创作的一篇散文。
A 滕小京　B 滕子京　C 滕子琼

了不起的《东京梦华录》

> 《东京梦华录》叙"说话"之事,以"说三分"与"讲五代史"并列为"说话"的一个专科。
> ——郑振铎

❶ 北宋文化百科

《东京梦华录》是南宋孟元老的笔记体散记文。书中对宋徽宗崇宁至宣和年间北宋都城汴京的经济生活和文化生活都有翔实的记载,是研究北宋都市社会生活、经济文化的一部重要历史文献。

孟元老

❷ 开创文学新体裁

《东京梦华录》开创了以笔记描述城市风土人情的体裁,为以后反映南宋都城临安的同类著作《都城纪胜》《梦粱录》等书所沿用。

❸ 怀乡之作

宋钦宗靖康二年(1127年),北方游牧民族的铁骑闯入中原、直攻汴京,北宋灭亡,大批臣民逃往南方。孟元老怀着对往昔的无限眷念和对现实的无限伤感,撰写了《东京梦华录》。

提问

《东京梦华录》是_____为怀念汴京而作。
A 孟原老　　B 孟元老　　C 孟元郎

了不起的《拜月亭》

> 《拜月亭》的文章，明人何元朗、藏晋叔、沈德符等俱以为高出《琵琶记》，但也有持反对论调的。
> ——郑振铎

❶ 关汉卿的代表作

《拜月亭》是元代戏曲作家关汉卿的代表作，全名《闺怨佳人拜月亭》，是我国古代杂剧剧本的代表作。

❷ 元曲四大爱情剧

元曲四大爱情剧是关汉卿的《拜月亭》、王实甫的《西厢记》、白朴的《墙头马上》和郑光祖的《倩女离魂》。

关汉卿

❸ 乱世中的爱情故事

《拜月亭》讲述了战乱时期，书生蒋世隆和大家闺秀王瑞兰的爱情故事，表达了人们对和平的渴望和对忠贞爱情的向往。

提问

《拜月亭》是_____戏曲作家关汉卿的代表作。
Ⓐ 宋代　　Ⓑ 元代　　Ⓒ 明代

了不起的《水浒传》

> 自宋亡之后,"讲史"一类的著述仍未衰灭。……然此类著作,却自元至明,作者继出。最著名而约在15世纪之前出现的,有《水浒传》《三国志》《隋唐志传》及《三遂平妖传》等。
>
> ——郑振铎

❶ 最早的白话文章回小说

《水浒传》是中国古典四大名著之一,也是中国历史上最早用白话文写的章回小说之一,流传极广,产生了巨大的社会影响。

❷ 108 个好汉的故事

《水浒传》主要描写的是北宋末年,以宋江为首的 108 个好汉在山东梁山泊聚义的故事。《水浒传》最大的特点就在于它的铺排和结构设计皆以人物为故事情节的主线。

❸ "三十六天罡（gāng）"与"七十二地煞"

《水浒传》将 108 个好汉分为"三十六天罡"和"七十二地煞",分别指代梁山泊的 36 员猛将和 72 位头领。

提问

《水浒传》讲的是_____个好汉在山东梁山泊聚义的故事。
A 106　　B 107　　C 108

了不起的《西厢记》

> 《西厢记》的大成功便在它的全部都是婉曲地、细腻地在写张生与莺莺的恋爱心境的。似这等曲折的恋爱故事,除《西厢记》外,中国无第二部。
> ——郑振铎

❶ 王实甫的代表作

《西厢记》,全名《崔莺莺待月西厢记》,作者是元代戏剧大家王实甫,主要讲述了书生张生和相国府小姐崔莺莺之间的爱情故事。

❷ 恢宏巨制

《西厢记》共5本,21折,篇幅较长,是元代杂剧中较罕见的恢宏之作。

王实甫

❸ 有情人终成眷属

《西厢记》通过描述主人公冲破封建礼教束缚,努力追求爱情的故事,表达了人们对"有情人终成眷属"的美好期盼。

提问

《西厢记》共_____本,21折。
A 5　　B 4　　C 3

第106天　了不起的名篇佳作　　月　日

了不起的《西游记》

> 相传此书为元长春真人丘处机作，实则《长春真人西游记》，乃李志常所记，叙处机西行的经历，完全与现在之《西游记》小说无关。
>
> ——郑振铎

❶ 第一部浪漫主义章回体长篇小说

《西游记》是明代小说家吴承恩创作的一部神魔小说，也是我国文学史上第一部浪漫主义章回体长篇小说。它成功开启了我国魔幻现实主义小说创作的新门类。

❷ 以"玄奘（zàng）取经"为蓝本

《西游记》以唐代高僧玄奘西行求法的故事为蓝本，塑造了唐僧、孙悟空、猪八戒、沙僧以及白龙马等形象，讲述了唐僧师徒一行人西行取经路上斩妖除魔的奇幻故事。

❸ 大胆的艺术想象

从艺术特色来看，《西游记》最大的特色就是十分大胆的想象。这些想象不仅突破了时空、生死的限制，还以极度夸张、诡异的方式创造出一个变幻莫测的神幻世界。

提问

《西游记》中，唐僧的原型是_____高僧玄奘。
Ⓐ 唐代　　Ⓑ 宋代　　Ⓒ 明代

第107天 了·不·起·的·名·篇·佳·作　　月　日

了不起的《聊斋志异》

> 《聊斋志异》凡431篇：一部分是空想的创作，一部分是传闻的记录，一部分则为重述唐、宋人旧文而加以变异者。
> —— 郑振铎

❶ 文言短篇巨著

《聊斋志异》，简称《聊斋》，是中国清朝小说家蒲松龄创作的文言短篇小说集，全书共有短篇小说近五百篇。

❷ 倾注半生精力

蒲松龄二十多岁时开始撰写狐鬼故事，四十岁时初次将手稿结集成书。此后屡有增补，最终历时四十余年，完成了《聊斋志异》。

蒲松龄

❸ 凄美的爱情故事

在《聊斋志异》中，爱情故事的篇幅最多，主人公大多不惧封建礼教，勇敢地追求自由与爱情。

提问

蒲松龄为完成《聊斋志异》耗时＿＿＿＿＿。
A 二十余年　　B 三十余年　　C 四十余年

第108天 了不起的名篇佳作 月 日

了不起的《儒林外史》

> 《儒林外史》……是一部尖利的讽刺小说，一部发挥作者的理想的小说。
> —— 郑振铎

❶ 古典讽刺文学的佳作

《儒林外史》是清代文人吴敬梓的代表作，也是我国古典讽刺文学的佳作，成功开创了以小说直接讽喻现实的先例，是我国古代讽刺小说的巅峰之作。

❷ 少年王冕（miǎn）

王冕是《儒林外史》的开篇人物，也是作者吴敬梓心中的理想人物。王冕出生于农家，因为家贫而不能上学。他白天参加田间劳动，晚上到寺院的长明灯下读书，孜孜不倦，最终自学成才。

❸ 范进中举

"范进中举"是《儒林外史》中的经典故事，出自《儒林外史》第三回。吴敬梓以夸张的手法刻画了范进中举后喜极而疯的场面，极具讽刺意味。

吴敬梓

提问

《儒林外史》是＿＿＿＿文人吴敬梓的作品。
A 元代　　**B** 明代　　**C** 清代

了不起的《红楼梦》

> 《红楼梦》描写之细腻,如以最小之画笔,写数十百美人于一纸,毛发衣襞(bì),纤毫毕现,而姿态风韵一无雷同,实为诸作中之最有描写力者。
>
> ——郑振铎

❶ 原名《石头记》

《红楼梦》原名《石头记》,是清代小说家曹雪芹的成名作,也是我国古代长篇章回体小说的一大杰作。全书共一百二十回,前八十回是曹雪芹写的,后四十回一般认为是高鹗续写的。

❷ 四大家族的故事

《红楼梦》以贾、史、王、薛四大家族的兴衰为背景,以贾宝玉和林黛玉、薛宝钗之间的爱情悲剧为主线,以大观园里的一众闺阁佳人为辅线,讲述了一段关乎人情的凄美故事。

❸ "红学"应运而生

由于《红楼梦》的影响力超群,加上其具有超高的艺术成就,因此学术界出现了一个专门以《红楼梦》为研究对象的学派,即所谓的"红学"。

曹雪芹

提问

《红楼梦》前____回是曹雪芹写的。
A 四十 B 八十 C 一百二十

了不起的《镜花缘》

> 《镜花缘》所写的人物，以女子为中心。中国小说，很少以女子为主人翁的，虽说有一生一旦，然生的重要性较旦不啻（chì）倍之。
>
> ——郑振铎

❶ 以女子为中心的长篇佳作

《镜花缘》是清代文人李汝珍写的长篇小说，全书共一百回，按照内容可分为前后两部分，前半部分讲述唐敖、多九公等人游历女儿国、君子国等国的故事，后半部分讲述武则天科举选才女的故事。

❷ 天马行空的想象

李汝珍凭借天马行空的想象，在《镜花缘》中构建起奇幻的想象国度，他还大量使用夸张、隐喻等手法，让故事变得更加奇幻、有趣。

❸ 丰富的艺术手法

《镜花缘》采用了丰富的艺术创作手法，包括夸张手法、对比手法以及漫画手法。这些创作手法的运用，让整部作品的魔幻感更上一层楼。

李汝珍

提问

《镜花缘》全书共_____回。
A 一百　　B 一百二十　　C 一百四十

了不起的历史

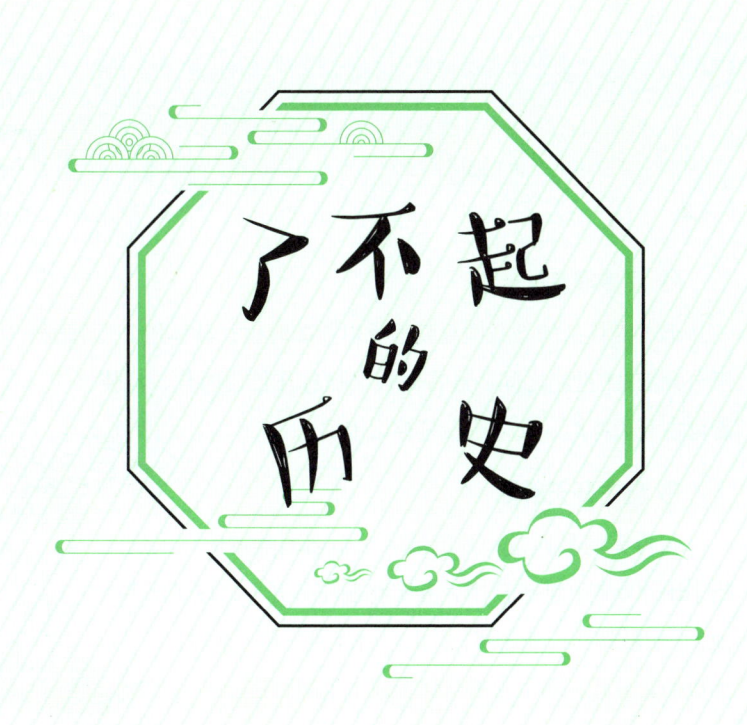

远古时代

> 中国俗说，最早的帝王是盘古氏。古书有的说他和天地开辟并生，有的说他死后身体变化而成日月、山河、草木等。——吕思勉

❶ 很多很多的传说

远古时代指的是我国夏朝建立以前的时代，具体指公元前300万年至公元前21世纪之间。远古时代又被称作传说时代，流传着盘古开天辟地、女娲造人等神话传说。

❷ 盘古开天辟地

相传天地最初是一片混沌，一个名叫盘古的巨人沉睡了18000年，醒来后用大斧头将混沌劈开，分成了天和地，之后就站在天地之间，防止它们合到一起。最后，天地彻底分开，而盘古的身体变成了世间万物。

❸ 女娲造人

盘古

相传女娲用泥土造人，创造了无数生命，由此创造出人类社会。她被看作中华民族的母亲，是传说中的创世神。

提问

盘古用_____劈开天地。
Ⓐ 手掌　Ⓑ 斧头　Ⓒ 木头

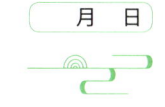

上古时代

> 尧、舜、禹的相继,据儒家的传说,是纯出于公心的,即所谓"禅让",亦谓之"官天下"。
> ——吕思勉

❶ 万国联盟首领

尧,号陶唐氏,名放勋,史称唐尧,是我国上古传说中父系氏族社会后期的部落联盟首领。尧统治期间,统一了华夏诸族,被推举为部落万国联盟首领。

❷ 中华道德文化的鼻祖

舜号有虞氏,名重华,史称虞舜,以孝行闻名天下。舜统治期间,派大禹治水,成功开创了政通人和的盛世局面,被看作中华道德文化的鼻祖。

❸ 夏朝开国君主

禹,亦称大禹,因治水有功而接受舜的禅让,成为部落联盟首领。之后,禹在诸侯的拥护下成为夏朝的开国君王,也成为能够和伏羲、黄帝相提并论的贤明帝王。

提问

禹接受了_____的禅让。
A 尧　B 舜　C 黄帝

第113天 了·不·起·的·历·史　　月　日

夏商周

> 夏朝传国共十七代,商朝则三十代。商朝的世数所以多于夏,大约是因其兼行兄终弟及之制而然。
> ——吕思勉

❶ 第一个王朝

约公元前 2070 年,禹建立夏朝,都城位于阳城(今河南登封东南),是我国历史上的第一个王朝。

❷ 第一个有直接的同时期文字记载的朝代

商朝大约于公元前 1600 年建立,曾多次迁都,是我国历史上第一个有直接的同时期文字记载的朝代。

❸ 最后一个奴隶制王朝

周朝是周武王姬发灭商后,于公元前 1046 年建立的王朝。分为西周(前 1046—前 771)和东周(前 770—前 256)。周朝是中国历史上最后一个奴隶制王朝。

提问

_____是我国历史上第一个有直接的同时期文字记载的朝代。
A 夏朝　　**B** 商朝　　**C** 周朝

春秋时期

> 春秋之世，诸侯只想争霸，即争得二三等国的服从，一等国之间，直接的兵争较少，有之亦不过疆场细故，不甚剧烈。
> ——吕思勉

❶ 春秋之名的由来

"春秋"一名是因鲁国史官把当时各国的重大事件，按年、季、月、日记录下来，一年分春、夏、秋、冬四季记录，经过概括，将这部编年史命名为《春秋》。孔子对鲁国史官所编的《春秋》加以整理修订，成为儒家经典之一。

❷ 春秋五霸

春秋时期，周天子的势力日益衰微，诸侯群雄之间纷争不断。春秋五霸指的是春秋时期先后称霸的五个诸侯，通常指齐桓公、宋襄公、晋文公、秦穆公、楚庄王。

楚庄王

❸ 百家争鸣

随着春秋乱世的发展，当时的思想界呈现百家争鸣的景象，涌现出儒家、道家、墨家、法家、兵家等思想流派，各流派间相互争鸣。

提问

春秋五霸不包括_____。
A 齐桓公　　B 秦穆公　　C 周天子

战国时期

> 战国七雄,韩、魏地都较小,又逼近秦,故其势逐紧急,燕、赵则较偏僻,国势最盛的,自然是齐、秦、楚三国。
>
> ——吕思勉

❶ 七雄并立

战国时期,诸侯群雄之间的争霸进入白热化阶段。魏、韩、赵、秦、齐、楚、燕这七个强大的诸侯国争雄称霸,被后人称为"战国七雄"。

❷ 齐秦争霸

战国时期,随着魏国和楚国相继衰落,逐渐形成了齐国和秦国东西对峙的局面,因而齐秦两国展开了争取其他诸侯国的支持、孤立对方的斗争。而韩、魏、赵、楚、燕国则在联秦抗齐和联齐抗秦中摇摆。

❸ 铁器的发展

战国时期,社会生产力不断提高,铁器得到普及,农耕技术和手工业开始兴盛,反过来又推动了铁器的发展。

提问

战国七雄不包括_____。
A 楚国　　**B** 秦国　　**C** 蜀国

秦朝

> 秦朝的统一，绝不全是兵力的关系。我们须注意：此时交通的便利，列国内部的发达，小国的被夷灭，郡县的渐次设立，在政治上、经济上、文化上，本有趋于统一之势，而秦人特收其成功。
>
> ——吕思勉

❶ 灭六国而一朝立

公元前221年，秦王嬴政先后灭韩、赵、魏、楚、燕、齐六国，一举完成一统天下的大业，秦朝由此建立。秦王嬴政成为历史上第一个称皇帝的人，被称为"始皇帝"。

秦始皇

❷ 百代都行秦政法

随着秦朝的建立，我国封建社会的中央集权制度得以确立。它一举奠定了之后历朝历代政治制度的基本格局，也奠定了我国大一统王朝的统治基础，这便是所谓的"百代都行秦政法"。

❸ 统一文字、货币和度量衡

作为我国历史上第一个中央集权制国家，秦朝在政治制度上做了诸多改革，例如设立三公九卿制、大力推行郡县制以及实行书同文、车同轨、统一度量衡等，大一统的政治局面由此成形。

提问

秦朝是公元前_____年建立的。
A 221　　B 212　　C 223

汉朝

> 前后汉之间是中国历史的一个转变。在前汉之世,政治家的眼光,看了天下,认为不该就这么苟安下去的。……他们看了社会,还是可用人力控制的,一切不合理的事,都该用人力去改变,此即所谓"拨乱世,反之正"。出来负这个责任的,当然是贤明的君主和一班贤明的政治家。
>
> ——吕思勉

❶ 盛世之景不断

汉朝时期,先后出现了"文景之治""汉武盛世""孝宣之治""光武中兴""明章之治""永元之隆"等盛世之景。

❷ 丝绸之路

汉武帝

西汉时期,汉武帝两次派张骞出使西域,开辟了以长安(今西安)为起点,穿过河西走廊,经西域、中亚、西亚,并连接地中海各国的陆上通道。丝绸之路成为东西方经济文化交流的桥梁。

❸ 伟大的发明

作为当时世界上最强大的帝国,汉朝在科技领域也成果颇丰,发明了造纸术、浑天仪等。

提问

丝绸之路的起点是_____。
A 长安　　B 河西走廊　　C 中亚

魏晋南北朝时期

> 南北朝的对立,起于公元420年宋之代晋,终于公元589隋之灭陈,共一百七十年。
> ——吕思勉

❶ 政权众多

魏晋南北朝又被称作三国两晋南北朝,是我国历史上政权更迭最频繁的历史时期之一,出现了曹魏、蜀汉、东吴、西晋、东晋以及南朝宋、南朝齐、南朝梁、南朝陈、北魏、东魏、西魏、北齐和北周等朝代。

❷ 群星闪耀

魏晋南北朝时期文人辈出,有被誉为建安之杰的曹植、"竹林七贤"的领袖人物嵇康、我国的第一位田园诗人陶渊明等。

❸ 数学领先世界

南朝的祖冲之首次将圆周率精算到小数点后第七位,在3.1415926和3.1415927之间。他求出的"祖率"对数学研究有重大贡献,领先世界一千多年。

提问

祖冲之将圆周率精算到小数点后第_____位。
A 5　　B 6　　C 7

隋朝

> 隋文帝……勤于政事,又能躬行节俭。在位时,把北朝的苛捐杂税都除掉,而府库充实,仓储到处丰盈,国计的宽余,实为历代所未有。
> —— 吕思勉

❶ 复归一统

581年,杨坚代北周称帝,建立隋朝。隋朝的建立,标志着自西晋末年以来长达三百年的分裂局面的结束,是我国历史上的又一个大一统王朝。

❷ 开皇之治

隋文帝杨坚在位期间,对内大兴改革,通过三省六部制、科举制、均田制等举措来壮大隋朝实力,南下灭陈,一统中国,同时与周边邻国互有往来,开创了"开皇之治"的盛世局面。

杨坚

❸ 修凿大运河

隋炀帝杨广以洛阳为中心开凿大运河,北抵涿郡(今北京),南至余杭(今杭州),加强了当时南北之间的交流与往来。

提问

隋朝的建立,结束了自_____末年以来三百年的分裂局面。
A 东晋　　B 西晋　　C 北晋

唐朝

> 唐朝对外的威力,以高宗时为极盛,然其衰机亦肇(zhào)于是时。——吕思勉

❶ 开国皇帝李渊

隋末天下群雄并起,唐国公李渊趁势在晋阳(今山西太原)起兵,于618年称帝,建立唐朝,定都长安。907年,唐朝灭亡,前后共存续290年,出现22位帝王。

❷ 疆域空前辽阔

随着唐朝统治者册封、和亲以及军事行动等对外政策的推行,这一时期的疆域空前辽阔。最鼎盛时,东起日本海,西抵咸海,南据安南(今越南),北逾贝加尔湖。

李渊

❸ 开放与多元

唐朝的经济、文化等方面都呈现出开放、多元的发展景象,出现了"贞观之治""永徽之治""开元盛世""元和中兴"等盛世之景,涌现出李白、杜甫、白居易等文学大家。

提问

唐朝出现的盛世不包括_____。
A 贞观之治　B 开元盛世　C 文景之治

五代十国

> 至907年……，此时海内割据的：淮南有杨行密，是为吴；两浙有钱镠（liú），是为吴越；湖南有马殷，是为楚；福建有王知知，是为闽；岭南有刘岩，是为南汉；剑南有王建，是为前蜀。遂入于五代十国之世。
>
> ——吕思勉

❶ 五代十国

五代指的是唐朝灭亡后，相继出现的后梁、后唐、后晋、后汉和后周。十国指的是吴、前蜀、楚、吴越、闽、南汉、荆南（即南平）、后蜀、南唐、北汉。

❷《新五代史》

"五代十国"这一称谓最早出自《新五代史》。《新五代史》是欧阳修编撰的纪传体史书，属"二十四史"之一。

❸《花间集》

五代十国时期，词的创作迎来重要的发展时期，诞生了以《花间集》为代表的词作总集。《花间集》由后蜀文学家赵崇祚编选而成，主要收录了晚唐至五代时期，以温庭筠、皇甫松、韦庄等为首的词人的五百首词作。

提问

五代不包括_____。
A 后蜀　B 后唐　C 后汉

宋朝

> 北宋时代可以说是中国民族主义的萌蘖（niè）时期。南宋一代，则是其逐渐成长的时期。
> ——吕思勉

❶ 北宋与南宋

960 年，后周大将赵匡胤（yìn）通过陈桥兵变夺取帝位，定都开封，建立宋朝。宋朝分北宋和南宋两个阶段，共历 16 帝，存续 317 年。

❷ 航海业异军突起

宋朝社会经济繁荣发展，农业、印刷业、制瓷业、丝织业等都呈现出繁荣发展的局面。此外，当时海外贸易迅速发展，与之相关的航海业和造船业也异军突起。

❸ 程朱理学兴起

宋朝思想文化领域发展迅速，特别是随着儒学的兴起，由程颢（hào）、程颐、朱熹等人创立的程朱理学问世，成为当时的重要思想成果。

程颢

提问

宋朝建立时的都城在 _____。
A 长安　　B 开封　　C 洛阳

元朝

> 元朝诸帝，惟世祖较为聪明，所用的汉人和西域人较多，亦颇能厘定治法。
> ——吕思勉

❶ 少数民族建立的王朝

元朝是我国历史上第一个由少数民族建立的大一统王朝。元朝的前身是成吉思汗建立的蒙古汗国。

❷ 行省制度

元朝的政治管理机构，中央以中书省、枢密院、御史台为主，分别掌管政、军、监察三权；地方实行行省制度，设置了辽阳、陕西、甘肃等在内的10个行省，开启我国行省制度之先河。

成吉思汗

❸ 文学繁荣发展

元朝时文学繁荣发展，以元曲、小说为主，涌现出"元曲四大家"关汉卿、白朴、郑光祖、马致远，以及《窦娥冤》《拜月亭》《汉宫秋》《西厢记》等名作。

提问

"元曲四大家"不包括_____。
A 关汉卿　　B 马致远　　C 忽必烈

明朝

> 明太祖起于草泽,而能铲除胡元,戡定群雄,其才不可谓不雄。 ——吕思勉

❶ 布衣皇帝

朱元璋幼时家贫,曾出家做和尚。25岁时参加红巾军,反抗元朝。1368年,朱元璋建都南京,国号"明",年号洪武。其后平定西南、西北、辽东等地,最终统一全国。

❷ 盛世不断

明朝前期,先后出现了"洪武之治""永乐盛世""仁宣之治"等盛世之景,国力强盛,社会稳定,政治清明,民众安居乐业。

朱元璋

❸ 小说传世

明代文学以小说达到的艺术成就最高,出现了大量的以历史、神怪、公案、百姓日常生活等内容为题材的长篇章回小说。最为人熟知的有《西游记》《水浒传》《三国演义》等。

提问

朱元璋称帝后定年号为_____。
A 大明　　B 洪武　　C 永乐

清朝

> 清朝的衰机，可说是起于乾隆之世的。高宗性本奢侈，在位时六次南巡，耗费无艺。中岁后又任用和珅，贪渎为古今所无。
>
> ——吕思勉

❶ 最后一个封建王朝

清朝建立于 1636 年，1911 年灭亡，前后共存续 276 年，历经 11 位帝王的统治，是我国历史上最后一个封建王朝。

❷ 康乾盛世

清朝在康熙、雍正、乾隆三位帝王统治时期，国力强盛，经济发达，物产丰富，呈现一派盛世景象。

❸ 末代皇帝

爱新觉罗·溥（pǔ）仪，字浩然，清朝末代皇帝。溥仪是醇亲王载沣（fēng）的长子，3 岁（1908 年）时登位，年号宣统。1912 年被迫退位，清朝统治结束。

提问

清朝历经_____位皇帝的统治。
A 11　　B 12　　C 13

五花八门的历史制度

五花八门的土地制度

> 在古代，主要的生业是农业，农业的生产方法，是由粗而趋于精，亦即由合而趋于分的，于是形成了井田制度。
> ——吕思勉

❶ 井田制

西周时土地归国家所有，统治者将土地分封给奴隶主，奴隶主将土地划分为一块块"井"字形的田地，交由农民耕种。中间的一块为公田，产出归国家和奴隶主所有；周围的 8 块为私田，产出归农民自己所有。

❷ 黔首自实田

秦始皇统一六国后推行"黔首自实田"，要求土地私有者如实向官府呈报占有土地的数额，朝廷核实后以此作为征收田赋的依据。"黔首自实田"是正式全国性确定土地私有制的开始，也是对私有土地正式征收田赋的开端。

❸ 均田制

北魏至唐朝前期，在原有土地私有制的基础上，对无主的土地推行国有制，按照人口数分给百姓，百姓向朝廷缴纳赋税，并承担一定的徭役和兵役，这便是均田制。

提问

"黔首自实田"是什么时候推行的政策？
A 西周　　B 秦朝　　C 北魏

五花八门的赋税制度

> 一条鞭法……比较地平均了土地的负担，特别是减轻了贫农、中农和城市平民的某些负担，对生产的发展是有益的。 ——吴晗

❶ 租庸调制

唐朝的租庸调制以均田制为基础，通过征收谷物、布匹或者让百姓服役来收取赋税。租庸调制规定，只要是均田人户，无论田地有多少，都必须按人口缴纳赋税，还要服相应的徭役。

❷ 两税法

唐德宗时期颁布并推行两税法，分别于每年夏季、秋季收税，因此而得名。两税法规定，只要拥有当地的土地、资产，就会被算作当地人，要按照规定缴纳赋税。

❸ 一条鞭法

明朝大臣桂萼提出了"一条鞭法"，将当时各州县的各类租税以及徭役统一归并，然后按照面积征收赋税，并且一律征收银两。

提问

两税法于每年夏季和_____征收赋税。
Ⓐ 春季　　Ⓑ 秋季　　Ⓒ 冬季

五花八门的征兵制度

> 汉行征兵制,唐行府兵制,传或过所必须载明身份、年龄、籍贯,为的是防止合龄壮丁军伍的逃匿,是保障兵源的重要手段。
>
> ——吴晗

❶ 募兵制

吴起改革了传统的征兵制,他以苛刻的筛选标准招募士兵,一旦入选,就给他们发工资。成为职业军人,相当于找到一份长期工作,不但有军饷,而且全家免去徭役、赋税,并赐予土地、房屋。

❷ 征兵制

汉代规定男子23—56岁之间必须服两年兵役,其中一年在地方服役,另一年戍守边疆。

❸ 世兵制

魏晋时期,出现了"世兵制"。所谓世兵制,从表面来理解就是"世代为兵",即如果父亲是兵,那么儿子也要当兵。

提问

汉代实行的是_____。
A 募兵制　　B 征兵制　　C 世兵制

什么是分封制

> 当秦始皇统一了整个中国……他们废除了世袭的诸侯分封制度，把帝国划分为三十六个郡县。
> ——胡适

❶ 西周建立

西周建立后，周武王分封王室子弟和功臣，到指定的地点建立西周的属国，统治当地的人民，这就是分封制。

❷ 诸侯与藩王

分封制加强了周王室对四方疆土的控制，明确了周王"天下共主"的地位，所封之地被称为诸侯国、封国或藩国等，统治封地的君主被称为诸侯或藩王等。

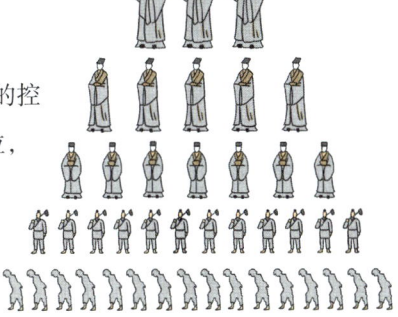

❸ 分裂割据

分封制有分裂、割据的隐患，到了春秋时期，酿成诸侯割据、列国纷争的局面。

提问

统治封地的君主被称为_____。
A 诸侯　　**B** 藩王　　**C** 以上都是

第130天 五花八门的历史制度 月 日

什么是三公九卿制

> 中央最高的官为丞相。秦有左右……丞相之副为御史大夫……武官通称为尉。中央最高的武官，谓之太尉。这是秦及汉初的制度。
>
> ——吕思勉

❶ 秦始皇设立

东周列国时期，各国官员组织杂乱，于是秦始皇决定在中央施行三公九卿制。

❷ 什么是三公

秦始皇设丞相、太尉、御史大夫，称为三公。丞相是"百官之长"，辅佐皇帝处理全国的事务。太尉协助皇帝掌管军队，是全国武装部队的首脑。御史大夫负责监察百官。

❸ 什么是九卿

三公之下设九卿：奉常，掌管宗庙祭祀礼仪；郎中令，掌管皇帝的侍卫；太仆，掌管宫廷车马；卫尉，掌管宫廷警卫；典客，处理外交及民族事务；廷尉，负责司法刑律；治粟内史，掌管全国财政税收；宗正，掌管皇族、亲室事务；少府，掌管全国山河湖海收入和官府手工业。

提问

三公不包括_____。
A 丞相　　**B** 太尉　　**C** 宗正

什么是三省六部

❶ 三省与六部

三省六部制中的三省指的是中书省、门下省、尚书省,六部指的是尚书省下设的吏部、户部、礼部、兵部、刑部和工部。

❷ 分工明确

在不同的历史时期,三省六部的具体职责有所不同。以唐朝为例,中书省定旨出命,门下省封驳审议,尚书省统领六部执行政令。

❸ 最严密的中央官制

三省六部制在隋朝确立,在唐朝得到发展和完善,之后一直沿用到清朝末年,是我国封建社会最具组织性、最严密的中央官制。

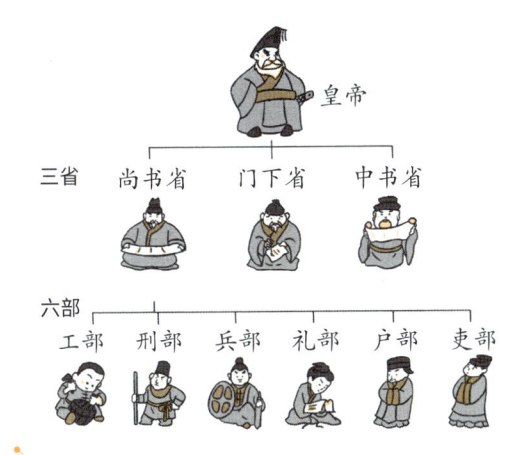

提问

三省六部制在_____朝确立。
A 唐　　B 隋　　C 明

第132天 五花八门的历史制度

什么是科举制

> 庶民进入仕宦阶级的主要途径,主要的两条大路,一是科举,二是学校。……明制参加科举的必须是州府县学的生员和国子监的监生,学校成为科举制度的附庸。因此这两条路其实是一条路。——吴晗

❶ 什么是科举

科举制度是中国古代通过考试选拔官吏的制度。不同朝代的考试内容不同,比如唐朝科举考试的内容以时务策、帖经、杂文等为主,明清时期则以考八股文为主。

❷ 什么是状元

科举考试通常分为乡试、会试、殿试。乡试第一名为"解元",会试第一名为"会元",殿试第一名为"状元"。

❸ 武则天开创武举考试

科举考试除了考查文化内容,还包括考查武艺的武科。这是武则天开设的科目,主要以考查应试者举重、骑射、步射、马枪等武技为主。

提问

科举制度由_____试、会试、殿试组成。
A 乡　　B 村　　C 县

什么是八旗制

> 清朝太祖崛起,以八旗编制其民。 ——吕思勉

❶ 清初兵制

所谓八旗,其实是清代的军队组织和户口编制。它源于满洲人的狩猎组织,后在努尔哈赤的主持下设置了黄、白、红、蓝四旗,后又增设镶黄、镶白、镶红、镶蓝四旗,由此确立了八旗制。除了满洲八旗外,还有蒙古八旗、汉军八旗等。

努尔哈赤

❷ 上三旗与下五旗

上三旗指的是镶黄旗、正黄旗和正白旗,它们统一由皇帝统领;下五旗指的是正红旗、镶白旗、镶红旗、正蓝旗和镶蓝旗,它们分别由皇帝的子侄统领。

❸ 驻京八旗

顺治皇帝在位期间,为了守卫京师而驻扎在北京城内外的八旗士兵被称作"驻京八旗",也叫"禁旅八旗"。

提问

八旗源于_____人的狩猎组织。
A 满洲　　**B** 蒙古　　**C** 回纥

著名的历史典故

第134天 著名的历史典故

问鼎中原

典故故事

夏、商、周三朝将九鼎视为传国重器，奉为象征国家政权的传国之宝，为得天下者所有。

公元前606年，楚庄王借伐陆浑之机，将楚国大军召至东周的首府洛阳南郊，举行盛大的阅兵仪式。即位不久的周定王忐忑不安，派王孙满前去应对。

楚庄王见了王孙满，询问九鼎的重量。王孙满明白楚庄王的言外之意，答道："九鼎的重量在于德义的有无，不在于鼎自身。大禹一统天下，九州都送来青铜，铸成九鼎，象征整个天下。夏桀（jié）无道，鼎就被传到商朝；商纣暴虐，鼎又被传到周朝。可见，只要有德义，鼎虽小也会很重，重得很难搬走；如果没有德义，鼎虽大也会很轻，轻得很容易失去。周室虽然衰微，但天命还没有结束，还没到被取代的时候，所以鼎的重量你就不要打听了。"听了王孙满义正词严的一番话，楚庄王打消了非分之想，带兵离去。

提问

大禹一统天下，将每个州送来的青铜铸成了_____尊鼎。
A 五　　B 八　　C 九

卧薪尝胆

典故故事

公元前494年，吴王夫差大败越国，越王勾践被迫求和，跟着夫差回到吴国做奴隶。在吴国的三年，勾践受尽欺辱，但让夫差放下了戒心。

公元前491年，勾践被夫差放回越国。勾践回国后，立志复仇。他怕自己贪图舒适的生活，消磨报仇的志气，晚上就睡在稻草堆上，并在屋里挂了一只苦胆，每天都要尝一下苦味，以此来提醒自己不要忘记曾经的耻辱。

公元前482年，越王勾践趁吴王夫差北上会盟之际，大举进攻吴国，成功挫了吴国的锐气。公元前473年，勾践第二次亲自带兵攻打吴国。这时的吴国已经是强弩之末，根本抵挡不住越国军队的猛攻。越王终于一雪前耻，成功灭掉了吴国。

夫差羞愧难当，拔剑自刎了。

提问

越王勾践在吴国忍辱负重地待了＿＿＿＿年。
A 五　B 四　C 三

门庭若市

典故故事

战国时期的邹忌长相英俊,在齐国为相。一天早上,邹忌问妻子:"你觉得我和城北徐公谁更英俊?"妻子立马回答:"当然是您!"之后,邹忌又问了妾同样的问题,妾也回答:"当然是您更英俊!"

第二天,有客人来拜访邹忌,邹忌问了对方同样的问题,客人也回复邹忌比徐公英俊。

几天后,徐公来拜访邹忌。徐公本是齐国颇有名气的美男子,邹忌亲眼见到徐公,才意识到自己根本没有徐公英俊。而妻子、妾、客人之所以说自己比徐公英俊,是因为他们要么偏爱自己,要么惧怕自己,要么有求于自己。

次日上朝时,邹忌将自己的这番顿悟讲给齐威王听。齐威王听完,当即下令:"能当面指出我过失的人,给上赏;能上书规劝我的人,给中赏;能在朝廷或街市中议论我的过失并传到我这里的人,给下赏!"此令一下,齐国朝堂门口每天就像市场一般热闹。

提问

齐威王说:"能规劝我的人,给_____赏。"
A 上　B 中　C 下

围魏救赵

典故故事

公元前354年,魏惠王命庞涓为将攻打赵国都城邯郸。赵王向齐国求救,齐威王应允,命田忌为将,孙膑为军师,领兵出发。

田忌与孙膑率兵进入魏赵交界之地时,田忌想直逼赵国邯郸,孙膑阻止了他:"解乱丝结绳,用拳头是不行的;排解争斗,不能参与斗争。平息纠纷要抓住要害,乘虚取势,双方因受到制约才能自然分开。现在魏国精兵倾国而出,若我们直攻魏国。庞涓必定会率兵回去,这样一来,邯郸之围自然就解了。我们再在庞涓回去的路上伏击他,他自然会败。"

田忌依计而行。果然,魏军在回去的路上遭到伏击,与齐军交战于桂陵。魏军疲惫不堪,溃不成军。庞涓勉强收拾残部,退回大梁,齐军大胜,赵国之围遂解。

> 孙膑真厉害!

提问

魏国攻打赵国,赵王向_____求救。
A 齐国　　**B** 秦国　　**C** 楚国

胡服骑射

典故故事

赵武灵王是战国时期赵国的第六任君主，是当时杰出的政治家、军事家，也是出色的改革家。

赵武灵王在位期间，中山国等游牧民族经常侵扰赵国边境。为此，他大胆地提出让百姓穿短衣胡服，学骑马与射箭。

赵国人都不愿穿胡服。公子成称自己有病，不来上朝。赵武灵王便亲自登门解释："我国东面有齐国、中山国，北面有燕国、东胡，西面是楼烦，与秦、韩两国接壤。如今不训练骑马、射箭，凭什么能守得住呢？先前中山国侵犯我国领土，我决心改穿胡服，学习骑射，想以此抵御灾难，一报中山国之仇。而您一味依循守旧、厌恶改变服装，忘记了奇耻大辱，我对您深感失望！"公子成幡然醒悟，遂欣然从命。

最终，在赵武灵王的努力下，赵国成功歼灭了中山国，并在阴山下修筑了赵长城，而他也因此被梁启超称为自黄帝后的"中国第一雄主"。

提问

赵武灵王是赵国的第_____任君王。
A 六　B 七　C 八

完璧归赵

典故故事

战国时期，秦王得知赵国有价值连城的和氏璧，于是主动提出用十五座城池为筹码，和赵国交换。赵王感到很为难，既害怕被秦国欺骗而遭到世人嘲笑，又因为惧怕秦国的兵力而不敢贸然拒绝。纠结再三，他最终决定派蔺相如带着和氏璧出使秦国。

秦王见到和氏璧后爱不释手，却只字不提十五座城池的事。情急之下，蔺相如以"将和氏璧的瑕疵指给秦王看"为由，成功拿回和氏璧。蔺相如高举和氏璧，身体靠在柱子上，怒发冲冠地斥责秦王不守承诺，并扬言要砸碎和氏璧。

因担心和氏璧被毁，秦王答应蔺相如五日后举行隆重的交换仪式。不过，蔺相如担心秦王变卦，于是暗中派人将和氏璧带回了赵国。

五日后，秦王举行了隆重的仪式，准备接收和氏璧。蔺相如坦言已把和氏璧送回赵国，并向秦王请罪。秦王十分恼怒，可又无计可施，只能放了蔺相如，以示秦国大度，并非诈取和氏璧。

蔺相如完璧归赵，既保全了和氏璧，又没给秦国落下把柄，赢得了好名声。

提问

秦王声称愿意用_____座城池来交换和氏璧。

A 十三　　B 十五　　C 十六

将相和

典故故事

完璧归赵后,蔺相如被赵王封为上大夫。不久,赵王带着蔺相如参加渑池之会,不料秦王在会上咄咄逼人,多亏蔺相如及时出面,才让赵王免受羞辱。为了表彰蔺相如的功绩,赵王特意将他拜为上卿,职位比武将廉颇高。

廉颇认为自己有赫赫战功,而蔺相如只凭言辞,就居于自己之上,感到非常不满。廉颇扬言,若遇见蔺相如,一定要羞辱他。

蔺相如知道廉颇的不满后,为了国家安稳,开始刻意回避廉颇。廉颇知道蔺相如的苦心后,自愧不如,于是脱去上衣,背着荆条,去蔺相如家负荆请罪。最终,蔺相如和廉颇二人尽释前嫌,共同辅佐赵王。

提问

赵王带着蔺相如去参加_____之会。
A 绳池　　**B** 蝇池　　**C** 渑池

窃符救赵

典故故事

信陵君,本名魏无忌,战国时期魏国人,因礼贤下士而闻名于诸侯,门下食客多达三千人,和孟尝君田文、平原君赵胜、春申君黄歇并称"战国四公子"。

公元前257年,秦国派兵围攻赵国都城邯郸,赵国向魏国求援,魏王派大将晋鄙率领十万大军前去支援。秦国得知后,立即派使臣向魏王施压,魏王只好下令让晋鄙将大军驻扎在邺城,观望局势的发展。

信陵君

眼看赵国危急,信陵君设法窃得兵符,并让勇士朱亥斩杀了大将晋鄙,顺利夺取兵权,一路率领大军驰援赵国,最终成功击退了秦军,解了邯郸之围。

提问

信陵君门下的食客多达_____千人。
A 二　　B 三　　C 四

第142天 著名的历史典故

图穷匕见

> 燕太子丹使荆轲刺秦王,不中,秦大发兵以攻燕。
>
> ——吕思勉

典故故事

战国末期,秦国大有吞并六国而一统天下的野心。随着韩国和赵国先后被秦国所灭,燕国的处境变得岌岌可危。危难之际,燕太子丹决定派荆轲去秦国刺杀秦王嬴政。

公元前227年,荆轲带着燕国督亢地区的地图,以及秦国叛将樊於期的首级,以向秦王嬴政进献为名进入秦皇宫。荆轲为秦王展开督亢地区的地图时,趁机拿出藏在地图里的匕首,想刺杀秦王。

不过,秦王反应灵敏,成功躲过了荆轲刺来的匕首。经过一番追逐,秦王拔出背上背着的长剑,砍断了荆轲的左腿,并最终将他杀死。

提问

荆轲于公元前_____年前往秦国。
A 227　　B 228　　C 229

破釜沉舟

典故故事

公元前208年,赵国大军被秦军围困在巨鹿。危难之际,楚后怀王派上将宋义、次将项羽率领二十万大军前去救援。不料,宋义行军至安阳(今山东曹县东)后,决定按兵不动。项羽在多次劝说无果后,斩杀宋义,取而代之。

为了鼓舞军心,项羽下令让将士们饱餐一顿,只带三天的干粮。之后,项羽让将士们将做饭的锅全部砸碎,将渡河的船全部凿穿并沉入河中,以自绝后路的方式来激发将士们必胜的决心。

凭着视死如归的决心,项羽率领将士们奋勇杀敌,经过和秦军的九次激战,项羽大获全胜。之后,项羽的名声传遍天下,各路诸侯纷纷对他敬畏三分。

提问

项羽让将士们带够_____天的干粮。
A 三　　B 五　　C 七

第144天 著·名·的·历·史·典·故　　月　日

约法三章

> 汉高祖是一个地地道道的百姓,知道民间的疾苦,所以当他率领的革命军到达咸阳时,就召集父老开大会,将所有秦代所定的法律都去掉,只留约法三章。
>
> ——胡适

典故故事

秦朝末年,因秦二世暴虐无能,宠信奸臣赵高,杀害忠良,致使朝堂昏暗、民不聊生,一时间天下群雄并起,纷纷发动反抗秦朝统治的武装起义,刘邦也是起义人之一。

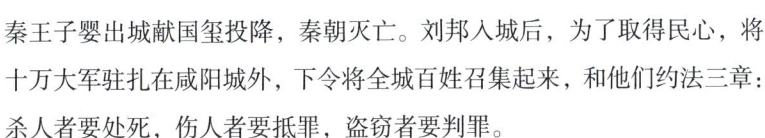

公元前207年,刘邦率先进入秦王朝国都咸阳,秦王子婴出城献国玺投降,秦朝灭亡。刘邦入城后,为了取得民心,将十万大军驻扎在咸阳城外,下令将全城百姓召集起来,和他们约法三章:杀人者要处死,伤人者要抵罪,盗窃者要判罪。

刘邦的这些举措,不仅赢得了民心,也为他日后赢得楚汉争霸的胜利奠定了坚实的基础。

提问

刘邦和咸阳百姓约法_____章。
A 三　　**B** 五　　**C** 七

第145天 著名的历史典故

月 日

鸿门宴

> 汉高祖先已入关了,即遣将守关。项羽怒,把他攻破。进兵至鸿门(在今陕西省西安市临潼区),和高祖几乎开战。幸而有人居间调解,汉高祖自己去见项籍,解释了一番,战事得以未成。
>
> ——吕思勉

典故故事

公元前206年,就在项羽率领大军准备攻入咸阳之时,刘邦抢先一步进入咸阳,并在函谷关设下重兵,以此阻挡项羽大军。

得知刘邦先一步入驻咸阳,项羽勃然大怒,带兵冲破了函谷关,并在鸿门安营扎寨。这时,谋士范增劝项羽除掉刘邦,否则日后必成大患。

刘邦立马带着百余人去向项羽表诚意。项羽见状,顺势在鸿门设宴款待刘邦。席间,范增让项庄舞剑,意欲杀害刘邦。张良察觉异常,及时告知刘邦,刘邦以上厕所为由,偷偷沿着小道逃离鸿门,躲过了一劫,最终在楚汉之争中夺取了天下。

提问

项羽入关后,将军营设在_____。
A 函谷关　　**B** 咸阳　　**C** 鸿门

破赵之战

典故故事

公元前204年，汉将韩信和张耳率军攻打赵国。一天，韩信半夜派出两千名骑兵，让他们每人拿一面汉军红旗，命他们从小路进山，隐藏在山中，监视赵军行动。韩信对他们说："赵军人多势众，大战时赵军看到我军节节败退，一定会倾巢而出，围剿我们。你们就趁这个时机迅速攻入赵军军营，拔掉他们的军旗，插上我们的红旗。"

之后，他带领大军与赵军正面交锋，并假装战败，退向河边。赵军见汉军兵败，便如韩信所说，全员出动，追击韩信和张耳。韩信和张耳在河边与赵军殊死搏斗，汉军士兵们因为身后就是河水，无路可退，都格外勇猛。

韩信最早派出去的两千名骑兵，在赵军倾巢而出之后，便冲进了赵军的军营，拔掉了所有的赵军旗帜，换成了汉军的红旗。赵军一时赢不了汉军，准备退回军营休整，却远远地看见自己的军营内插满了汉军红旗，惊恐之下阵脚大乱，韩信抓住时机前后夹击，大败赵军。

提问

韩信让两千骑兵在赵军军营内插满_____。
A 红旗　　**B** 蓝旗　　**C** 白旗

苏武牧羊

> 饮血茹毛,现在只当作形容野蛮人的话,其实在古代确是事实。《义疏》引"苏武以雪杂羊毛而食之",即其确证。 —— 吕思勉

典故故事

公元前100年,刚即位的匈奴单于主动向西汉示好,汉武帝为了表示友好,派大臣苏武率领100多人的使团出使匈奴。

就在苏武完成使命准备返回时,匈奴突然爆发内乱,苏武一行人无端受牵连,被单于扣留。期间,单于多次威逼苏武叛国,可苏武宁死不从。

眼看苏武不从,单于下令将他流放到北海(今俄罗斯贝加尔湖)一带,在人迹罕至的地方牧羊。历经一番苦难,苏武最终于公元前81年返回长安,受到百姓的热烈欢迎。

提问

苏武被流放了_____年。
A 20　　B 19　　C 18

第148天 著·名·的·历·史·典·故

挂印封金

典故故事

刘备在徐州被曹操打败,跟关羽和张飞失散了。曹操用计夺取了徐州的下邳,将关羽围困在一座山上,派跟关羽有一面之交的张辽前来劝降。

关羽提出三个条件:一是只降于汉献帝,不降于曹操;二是刘备的两位夫人要得到赡养和尊重;三是一旦知道刘备的下落,就会立刻去投奔刘备。曹操爱才心切,答应了关羽的要求。

后来,曹操跟袁绍交战,受到重挫。关羽主动请战,斩杀了袁绍的大将颜良,为曹操解围,立了大功。曹操奏请朝廷封关羽为汉寿亭侯,还专门铸了一枚印章送给关羽。

不久,关羽得知了刘备的行踪,就去向曹操告辞。曹操避而不见,关羽就写了一封信,派人送给曹操。他把自己在这里得到的金银赏赐都封存起来,把汉寿亭侯的印章悬挂在大堂上,带着以前的部将,护送着刘备的两位夫人,投奔刘备去了。

提问

关羽斩杀了袁绍的大将_____,为曹操解围。
A 张辽　　B 颜良　　C 张良

第149天　著名的历史典故

三顾茅庐

> 诸葛亮也是官僚地主家庭出身，父亲做过泰山郡丞，从父是豫章太守。刘备屯新野，三顾茅庐，问以大计。诸葛亮以为曹操拥百万之众，挟天子以令诸侯，不可与争锋。
>
> ——吴晗

典故故事

公元200年，曹操夺得官渡之战的胜利，打败了袁绍。以袁绍方客将身份参战的刘备不得不率众逃往荆州，投靠刘表。之后，刘备在谋士徐庶的介绍下，知道了人称"卧龙"的诸葛亮，决定前去拜访。

刘备带着关羽和张飞前往隆中拜访诸葛亮，结果一连两次扑空，第三次才终于相见。刘备和诸葛亮针对天下形势展开了一番讨论。

三顾茅庐之后，诸葛亮成为刘备的军师。在诸葛亮的辅佐下，刘备成功建立了蜀汉政权，成为三国鼎立中的一方势力。

提问

刘备第_____次前往隆中，成功见到了诸葛亮。
A 三　　B 二　　C 一

第150天　著名的历史典故

草船借箭

典故故事

周瑜让诸葛亮十日之内赶制十万支箭,诸葛亮答无须十日,三日即可。于是周瑜便让诸葛亮立了军令状,三天内若是没有赶制出十万支箭,诸葛亮就要以死谢罪。

诸葛亮找到鲁肃,请他借调二十条船,每条船配置三十名士兵,船身用青布幔子遮起来,在船两侧竖起一千多个草把子。

一切准备妥当后,诸葛亮并没有其他动作,直到第三天夜里才命人用长索将二十条船连在一起,向北岸的曹军大营进发。这时大雾漫天,江上连面对面都看不清。天还没亮,船队已接近曹操的水寨。诸葛亮下令让船只一字排开,然后令士兵擂鼓呐喊,故意制造一种击鼓进军的声势。

曹操得知此事,命令弓箭手对江中放箭,企图阻止击鼓叫阵的"大军"。一时间,箭如飞蝗,纷纷射在江心船上的草把子和布幔上。到雾散时,船两边的草把子上插满了密密麻麻的箭,诸葛亮才下令返回。诸葛亮用妙计"借"来十几万支箭,周瑜自愧不如。

提问

诸葛亮答应周瑜,_____天内赶制十万支箭。
A 二　　**B** 三　　**C** 十

空城计

典故故事

228年,魏将司马懿率十五万大军向诸葛亮所在的西城进发。当时,诸葛亮身边没有大将,只有一些文官和两千五百名士兵。众人听到司马懿带兵前来的消息大惊失色,诸葛亮却说:"大家不要惊慌,我略用计策,便能让司马懿退兵。"

于是诸葛亮传令,将所有的旌旗都藏起来,再将四处城门打开,每处城门仅派二十名士兵扮成百姓的样子洒水、扫街。诸葛亮领着两个书童,在城楼上坐下,焚香弹琴。

诸葛亮

司马懿到了离城不远的地方,看见诸葛亮端坐在城楼上,便令大军撤退。他的儿子司马昭不解,问他为何要撤退。司马懿说:"诸葛亮一生谨慎,不曾冒险。现在城门大开,里面必有埋伏。我们如果进去,就会中计。还是赶快撤退吧!"

提问

面对司马懿的十五万大军,诸葛亮身边只有_____名士兵。
A 两千五百　　B 三千　　C 五千

闻鸡起舞

> 在北方，只有幽州刺史王浚、并州刺史刘琨，崎岖和戎狄相持。南方则豫州刺史祖逖（tì），从淮北经略今之豫东，颇有成绩。
> ——吕思勉

典故故事

西晋末年，朝堂昏暗，社会动荡，老百姓的生活苦不堪言。当时有一个名叫祖逖的年轻人，和好友刘琨一同在司州任主簿。两个人志同道合，都渴望在乱世建立一番功业。

一天夜里，祖逖和刘琨正在熟睡，窗外突然传来一阵鸡鸣。刘琨觉得半夜鸡鸣是不吉之兆，祖逖却觉得这是公鸡在督促他们早点儿起床练剑。于是，祖逖和刘琨两人拿着剑来到院中，开始练剑。

在日复一日的勤学苦练中，祖逖和刘琨逐渐成为文武双全之人。之后，为了收复北方失地，祖逖和刘琨各展才能，分别被封为镇西将军和振威将军。

提问

祖逖和刘琨一同在_____担任主簿。

A 同州　　**B** 司州　　**C** 回州

乘风破浪

典故故事

南北朝时期，有一个名叫宗悫（què）的人。他自小就在父亲和叔叔的教导下习武，小小年纪就习得了一身武艺。当宗悫还是个少年时，他的叔叔问他："你长大了想做什么？"宗悫自信满满地回答："等我长大了，我希望自己能够乘长风，破万里浪！"宗悫的叔叔听了，立马称赞道："你有如此雄心壮志，即便日后不能大富大贵，也能光宗耀祖！"

宗悫十四岁那年，哥哥在家里举办婚礼，家里聚满了前来恭贺的宾客，十分热闹。没想到，一伙强盗趁机混进来，打算抢劫。众人发现这伙强盗后，全都吓得后退，唯独宗悫拔剑冲上去，成功吓退了强盗，保住了家里的财物。看到宗悫如此英勇的行为，在场的人无不称赞他年少有为。

长大后，宗悫参了军，多次奋勇请战，立下了赫赫战功，被封为洮阳侯，实现了年少时的志向。

提问

宗悫在_____岁时吓退了强盗。

A 十二　　**B** 十三　　**C** 十四

杯酒释兵权

典故故事

960年，赵匡胤通过陈桥兵变，成功登上帝位，建立了宋朝。不久，后周昭义军节度使李筠在潞州（今山西长治）起兵，淮南道节度使李重在扬州起兵。

赵匡胤成功平定了潞州、扬州两地的叛乱。之后，他在宰相赵普的建议下，着手收复兵权。

961年，赵匡胤请禁军高级将领石守信等人入宫赴宴。席间，赵匡胤以因担心"陈桥兵变"再次发生而整夜不能安睡为由，暗示石守信等人交出兵权。石守信等人知道已经受到猜疑，第二天早上就主动上书，表示愿意交出手中的兵权。

"杯酒释兵权"事件后，赵匡胤解除了他的结义兄弟的禁军职务，且从此不再授予他人。石守信虽然仍有官职，但没有任何实权。

提问

赵匡胤于_____年建立了宋朝。

A 960　　B 961　　C 962

程门立雪

典故故事

程颐是北宋著名的理学家。1082年,他在洛阳城南建立了伊皋书院。书院兴办后,四方学子云集程门,其中就有杨时和游酢。

一天,杨时和游酢来请教程颐。他们在屋外看到程颐在屋里打坐,不敢惊扰老师,就静静地站在门外等待。

不一会儿,天上下起了大雪,并且越下越大,但他们仍然不想放弃求教的机会,便一直站在雪中等待。

程颐醒来后,发现外面的积雪已有一尺多厚,而杨时和游酢早已成了"雪人"。他十分感动,急忙请二人进来。后来,这件事成了尊师重道的典范。

提问

程颐在洛阳建立了_____书院。
A 伊三　B 伊川　C 伊皋

了不起的女性

西汉才女卓文君

> 《卓女当垆》叙卓文君奔司马相如,开张酒店,男亲涤器,女自当垆。
>
> ——郑振铎

❶ 西汉才女

卓文君是西汉时期的才女,她精通音律,擅长抚琴,还写得一手好诗文,与蔡文姬、李清照、上官婉儿并称"中国古代四大才女",与薛涛、花蕊夫人、黄峨并称"蜀中四大才女"。

❷《白头吟》

《白头吟》是卓文君的代表作,诗中的"愿得一心人,白头不相离"是流传千古的佳句。

❸ 有情有义

卓文君和司马相如在一场宴席上相遇,两人一见钟情。虽然司马相如家徒四壁,但卓文君愿意和他同甘共苦,相濡以沫。

卓文君

提问

卓文君是_____时期的才女。
A 东汉　　B 西汉　　C 后汉

续写《汉书》的班昭

> 《左传》及《国语》是历史文学中的早期佳作,汉代则有西汉司马迁的《史记》和东汉班彪、班固、班昭(彪系固之父,昭系固之妹)陆续写成的《汉书》。
> ——曹伯韩

❶ 出身不凡显风华

班昭是东汉著名史学家班彪的女儿,也是东汉文学家班固、军事家班超的妹妹。班昭出身儒学世家,从小在父亲的影响下学习儒家经典,学识渊博,涵养极高。

班昭

❷ 续写《汉书》竟兄业

公元58年,班昭的哥哥班固着手编撰《汉书》。可惜他去世时,《汉书》还未写完。后来,汉和帝让班昭续写《汉书》,才让这部旷世史著得以完成。

❸ 朝中"大家"勤作赋

汉和帝因赏识班昭的才华,让她担任皇后和妃嫔们的老师,尊称为"曹大家(gū)"。此外,班昭还以作赋而闻名,代表作有《东征赋》《大雀赋》等。

提问

班昭于_____年开始续写《汉书》。
A 58   B 69   C 89

命途多舛的蔡文姬

> 邕有女，名琰，字文姬，博学有才辩。……琰天才甚高，躬逢丧乱，所作《悲愤诗》凄楚悲号，读者皆为之泫然。所叙皆她自己的经历，所以真挚凄婉之情充盈于纸间。
>
> 郑振铎

❶ 一代才女

蔡文姬是东汉文学家、史学家蔡邕的女儿。她从小饱读诗书，精通音律，是个不折不扣的才女，代表作有《悲愤诗》二首和《胡笳十八拍》。

❷ 被掳匈奴十二年

当时，诸侯割据，匈奴趁机叛乱。蔡文姬被掳至匈奴达十二年之久。

❸ 获救归来，弘扬家学典籍

曹操统一北方后，花重金将蔡文姬赎回，让她整理蔡邕的典籍。最终，蔡文姬整理出四百多篇典籍，为我国传统文化的传承做出了重要贡献。

蔡文姬

提问

蔡文姬整理出_____多篇典籍。
A 二百　　B 三百　　C 四百

预言家辛宪英

❶ 魏晋才女

辛宪英,名不详,字宪英,是魏晋时期著名的才女。宋元之际的史学家胡三省对其评价道:"女子之智识,有男子不能及者。"

❷ 鉴人知事

辛宪英出身名门,从小受父亲影响,有敏锐的政治嗅觉。西晋文学家夏侯湛称赞她"聪明有才鉴"。她成功预言曹魏短命、司马懿夺权、钟会造反,并劝谏家人,保护了全家。

辛宪英

❸ 俭以养德

辛宪英为人节俭,她丈夫的侄儿名将羊祜曾送她一床名贵的锦被,她嫌礼品太过华贵,便将被子翻过来盖。

提问

辛宪英是_____时期的才女。
A 西汉　　**B** 东汉　　**C** 魏晋

读一读

《晋书·列女传·羊耽妻辛氏传》:"宪英曰:'安可以不出!职守,人之大义也。凡人在难,犹或恤之;为人执鞭而弃其事,不祥也。'"

第160天 了·不·起·的·女·性　　月　日

远嫁吐蕃的文成公主

> 唐时有一个部落，其先该是从印度迁徙到雅鲁藏布江流域的，是为吐蕃。其英主弃宗弄赞，太宗时始和中国交通，尚宗女文成公主，开西藏佛化的先声。——吕思勉

❶ 松赞干布

松赞干布是吐蕃王朝的第 33 任赞普。他平定了吐蕃内乱，统一了西藏。为了巩固和唐朝的友好关系，他多次派使臣到长安向唐太宗请婚。唐太宗最终答应把宗室之女文成公主嫁给他。

文成公主

❷ 和亲入藏

641 年，文成公主在江夏王、礼部尚书李道宗的护送下远嫁吐蕃，成为王后。

❸ 汉藏文化交流的使者

文成公主入藏后，积极向吐蕃人民宣扬先进的汉文化。在文成公主的影响下，汉藏两族之间的关系越来越好，不少吐蕃贵族子弟被派去长安读书。

提问

文成公主于_____年入藏。
Ⓐ 634　　Ⓑ 640　　Ⓒ 641

正统女皇武则天

> 武后本有政治上的才能，高宗又因风眩之故，委任于她，政权逐渐入其手。
>
> ——吕思勉

❶ 唯一正统女皇帝

武则天是唐朝至武周时期的政治家，也是中国历史上唯一的正统女皇帝。

❷ "武则天"这个名字的由来

唐高宗去世后，武则天以皇太后的身份临朝称制。690年，武则天改国号为周，建立武周。中宗复辟后，尊其为"则天大圣皇帝"，故后世称为"武则天"。

武则天

❸ 开创殿试和武举

武则天执政期间大力发展科举制度，还开创了殿试和武举。殿试是由皇帝亲自主持的考试，武举则是用来选拔军事人才的考试。

提问

武则天开创了_____制度。
Ⓐ 科举　　Ⓑ 武举　　Ⓒ 会试

第一才女李清照

> 经过宋南渡的大变动的,尚有一个伟大的女作家李清照。……她不善作五七言诗,所专致力的乃是词。
> ——郑振铎

❶ 书香门第才女子

李清照的父亲名叫李格非,师从苏轼,是"苏门后四学士"之一。出身于这样的书香门第,李清照少时便才华过人,写得一手好词。

❷ 琴瑟和鸣突遇变

1101年,李清照嫁给赵明诚,二人志趣相投,琴瑟和鸣。后来,金兵南下中原,李清照不得不迁往南方。赵明诚因在南迁途中染疾病逝。

❸ 生平境遇写入词

李清照前半生过着优渥的生活,写的词多以表现悠闲生活的内容为主;后半生随着家国的破落,写的词以悲叹身世为主。

李清照

提问

李清照于_____年嫁给赵明诚。
A 1084　　B 1101　　C 1127

纺织专家黄道婆

> 有黄道婆,自崖州来,教以纺织,人遂大获其利。 ——吕思勉

❶ 坎坷遭际学技术

黄道婆出生于松江府乌泥泾（今属上海徐汇区）。她本为童养媳，后因不堪忍受虐待而逃亡，在崖州（今海南省三亚市崖州区）生活了约40年，向当地的黎族妇女学得棉纺织技术。

❷ 重归故乡传技术

元朝元贞年间（1295—1297），黄道婆重返故乡。她将自己学到的技术与故乡的纺织技术结合起来，并教故乡的人们改进纺织工具。

❸ 纺织技术改革家

黄道婆改进了棉纺织技术，推动了棉纺织技艺的传播，促进了我国古代棉花种植业的迅速发展，被后人誉为"衣被天下"的"女纺织技术家"。

黄道婆

提问

黄道婆在今天的_____出生。
A 海南　　B 三亚　　C 上海

女科学家王贞仪

❶ 天文学家

王贞仪,字德卿,清代著名女科学家,在天文研究方面颇有建树。她撰写的《月食解》一文,详细说明了和月食相关的知识。

❷ 数学家

王贞仪在数学方面也颇有研究,代表作有《历算简存》《筹算易知》《象数窥余》等。

❸ 巾帼不让须眉

王贞仪十几岁时学习骑射,史书中对她的评价是"跨马横戟,往来如飞"。她留下诗句:"亦曾习射复习骑,盖调粉黛逐绮靡。"

王贞仪

提问

王贞仪字_____。
A 文卿　　**B** 德卿　　**C** 贤卿

小知识

国际天文学联合会以王贞仪的名字命名了金星上的一座环形山。

第165天 了不起的女性

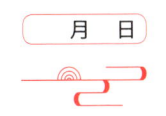

巾帼英雄秋瑾

❶ 鉴湖女侠

秋瑾,字璿卿,号竞雄,别署鉴湖女侠,浙江山阴(今浙江绍兴)人。秋瑾自幼跟随兄长在家塾读书,才情出众,不仅能写诗词,还擅长骑马击剑。

❷ 巾帼英雄

1904年,秋瑾自费去日本留学,结识了大批爱国人士,积极参加留日学生的革命运动,并创办了《白话报》。

秋瑾

❸ 辛亥女杰

1907年1月14日,秋瑾在上海创办《中国女报》,借此提倡女学、宣传革命,对我国妇女解放运动和革命的发展有重要的影响。

提问

秋瑾于_____年自费去日本留学。
A 1875   B 1904   C 1907

读一读

秋海棠

[清] 秋瑾

栽植恩深雨露同,一丛浅淡一丛浓。平生不借春光力,几度开来斗晚风?

有名的历史事件

第166天　有·名·的·历·史·事·件　　月　日

商鞅变法

> 致秦国于富强的，前有商鞅，后有李斯，都是治法家之学的。
> —— 吕思勉

公元前356年，秦孝公任用商鞅主持变法。变法内容主要包括重农抑商、废除旧世卿世禄制、推行连坐法等。

公元前349年，商鞅在秦国进行第二次变法，内容主要包括废除井田制、推行县制、统一度量衡制、编订户口等。

通过商鞅的两次变法，秦国的贵族特权受到削弱，经济快速发展，逐渐成为战国七雄中实力最强的国家，奠定了日后一统天下的基础。

商鞅

提问

商鞅第一次变法于公元前_____年开始。
A 356　　B 349　　C 339

党锢之祸

> 因宦官的得势，遂激成所谓党锢之祸。
>
> ——吕思勉

东汉汉桓帝、汉灵帝在位期间，宦官与外戚两股势力交替专权。宦官势力以侯览、曹节、王甫等为首。以窦武为首的外戚势力比较清正，因此一些贵族、太学生等人与外戚势力联合，对抗宦官势力。

166年和169年，宦官势力先后两次以"党人"这一罪名，抓捕士大夫，引起了贵族、士大夫的不满，双方因此发生了两次斗争，史称"党锢之祸"。

两次党锢之祸，最终都以宦官势力的胜利告终，反对宦官势力的贵族、士大夫派遭受了严重的打击，实力大不如前。这在一定程度上为东汉末年爆发的黄巾起义和东汉的灭亡埋下了伏笔。

提问

第一次党锢之祸发生在_____年。
A 166　　B 167　　C 168

第168天　有·名·的·历·史·事·件　　月　日

黄巾起义

> 黄巾起义以来，中原残破，中原人士成批地流亡到南边来，人力的增加和生产技术文化、学术的传播都促进了这两个地区的发展。
> ——吴晗

东汉末年，宦官势力和贵族、士大夫之间的纷争不断加剧，边疆战事不断，再加上发生旱灾，百姓生活在水深火热中。

184年，太平道首领张角以"苍天已死，黄天当立，岁在甲子，天下大吉"为口号，发动农民起义，史称"黄巾起义"。

在张角的号召和影响下，全国7州28郡接连爆发起义，黄巾军势如破竹，威震天下。

为了镇压黄巾军，朝廷派出皇甫嵩、朱儁（jùn）等大将。几番激战后，黄巾起义最终被镇压。

黄巾起义虽被镇压，但东汉皇室的威信一落千丈，各地不断发生叛乱，产生了许多分散的势力，地方军也开始拥兵自重。黄巾起义加速了东汉灭亡，拉开了三国时代的序幕。

提问

黄巾起义始于＿＿＿＿年。
A 183　　B 184　　C 185

赤壁之战

> 赤壁之战,是天下三分的关键,其事在公元208年,至280年晋灭吴,天下才见统一,因这一种蛮悍的心理,使战祸延长了七十二年。
>
> ——吕思勉

赤壁之战是中国历史上著名的以少胜多、以弱胜强的战役之一。

208年,周瑜奉孙权之命,率三万精兵与刘备的军队会合,一起沿着长江向西行进,在赤壁遇上曹操的大军。双方的第一次交战以曹军战败告终,双方转为隔江对峙。周瑜知道曹操十分骄傲且轻敌,于是想出一个诈降之计。他让人准备了几艘小船,装满柴草并涂上油,由假装投降的黄盖率领,接近曹军。在离曹军大营很近的地方,各船纷纷点火,借助风势直扑曹军。曹军的船被烧毁,营寨也被摧毁,只好撤退。

赤壁之战让曹军元气大伤,为三国鼎立的格局奠定了基础。

提问

赤壁之战发生于_____年。
A 206　　B 207　　C 208

读一读

念奴娇·赤壁怀古(节选)
[宋]苏轼

大江东去,浪淘尽,千古风流人物。故垒西边,人道是,三国周郎赤壁。乱石穿空,惊涛拍岸,卷起千堆雪。江山如画,一时多少豪杰。

第170天 有·名·的·历·史·事·件　月　日

八王之乱

> 惠帝是很昏愚的。其初太后父杨骏执政。皇后贾氏和楚王玮合谋，把他杀掉，而用汝南王亮，又把他杀掉，后又杀楚王，旋弑杨太后。
>
> ——吕思勉

290年，晋武帝司马炎去世，司马衷继位，称晋惠帝。司马衷昏庸无能，朝政全凭太后的父亲杨骏掌控。291年，为了夺权，皇后贾南风和楚王司马玮发动政变，诛杀了杨骏，"八王之乱"由此开始。

"八王之乱"的参与者包括汝南王司马亮、赵王司马伦、楚王司马玮、成都王司马颖、齐王司马冏、长沙王司马乂（yì）、河间王司马颙（yóng）以及东海王司马越，他们都想夺取皇位。

司马衷

"八王之乱"是一场严重的皇室斗争，给西晋的政治、经济和社会生活带来了无法挽回的破坏，最终导致西晋走向覆灭。

提问

"八王之乱"于_____年开始。
A 290　　**B** 291　　**C** 292

玄武门之变

> 天下既定之后，其哥哥太子建成和兄弟齐王元吉，要想谋害他，为太宗所杀。高祖传位于太宗，遂开出公元627至649的二十三年间的"贞观之治"。
> ——吕思勉

唐高祖李渊的两个儿子——李建成和李世民在反隋的过程中都立下了汗马功劳。唐朝建立后，李建成意识到自己的军事才干及声望远不及弟弟李世民，心有不满，于是和弟弟李元吉联手，一同构陷李世民。

626年，李世民为了保全自己，在长安（今陕西西安）太极宫的玄武门附近发动了一次政变，史称"玄武门之变"。他射杀了李建成，尉迟恭杀死了李元吉。

李渊立李世民为太子，不久便将皇位禅让给他。李世民即唐太宗，他开创了"贞观之治"。

提问

李世民是_____。
A 唐高祖　　**B** 唐太宗　　**C** 唐高宗

安史之乱

> 唐朝的盛衰,以安史之乱为关键。 —— 吕思勉

755年,兼任范阳、平卢、河东三地节度使的安禄山打着讨伐宰相杨国忠的旗号,在范阳(今河北保定以北、北京以南一带)起兵,安史之乱由此开始。

安禄山率领叛军一路进攻,唐玄宗眼看长安快要失守,立即带着杨贵妃、杨国忠等人逃亡。逃至马嵬(wéi)坡时,将士们群情激奋,不仅斩杀了杨国忠,还逼迫唐玄宗下令处死杨贵妃。这便是"马嵬坡兵变"。

安禄山

763年,持续多年的安史之乱落幕。这场因争夺统治权而爆发的战争,使唐朝由盛转衰,逐步走向灭亡。

提问

安史之乱于_____年结束。
A 755　　B 759　　C 763

黄巢起义

> 875年，王仙芝起兵作乱，黄巢聚众应之。——吕思勉

875年至884年，黄巢领导了一场声势浩大的农民起义，史称"黄巢起义"。在黄巢的带领下，黄巢军以流动作战的方式展开推翻唐朝统治的军事行动。

黄巢军在冤句（今山东曹县西北）起兵，之后转战全国各地，足迹遍及山东、河南、安徽、浙江、江西、福建、广东、广西、湖南、湖北、陕西等省份，在一定程度上动摇了唐朝的统治。

只可惜，由于黄巢军长期采取流动战术，群众基础较弱，再加上大军没有稳定的后方供给，最终以失败告终。黄巢起义是历时最久、范围最广、影响最大的唐末农民起义。

黄巢

提问

黄巢军起兵的地方位于现在的_____省。
A 山东　**B** 河南　**C** 安徽

白马之祸

> 公元903年，朱全忠（即朱温）迁帝于洛阳，弑之而立其子昭宣帝。至907年，遂废之而自立，是为梁太祖。
>
> ——吕思勉

朱温早年追随黄巢起义，后又归降唐朝。因招降黄巢余部，又击败朱宣、朱瑾等军阀，势力不断扩大。

905年，权势滔天的朱温在得力谋士李振的挑唆下，在滑州白马驿（今河南滑县境内）诛杀了30多个被贬的大臣。

李振却还觉得不够，便对朱温说："这些人自诩清流，应该将他们投进黄河，让他们变成浊流。"朱温笑了笑，便命人把这些大臣的尸体投入了黄河中。这就是震惊天下的"白马之祸"。

自此以后，效忠唐朝朝廷的人几乎都被消灭了，多年的官僚党政之争至此结束。

907年，朱温逼迫唐哀帝退位，朱温登基，改名为朱晃，改国号为梁，史称"后梁"。被迫退位的唐哀帝被朱温封为济阴王，囚禁在封地。

908年，朱温还是容不下唐哀帝，就派人将他杀害了。

提问

朱温篡位后改国号为 ____。

A 朱　　**B** 梁　　**C** 唐

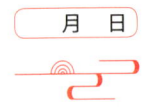

陈桥兵变

> 倘使周世宗不死，燕、云十六州，是很有恢复的希望的，以后的历史，就全然改观了。惜乎世宗在途中遇疾，只得还军，未几就死了。嗣子幼弱，明年，遂为宋太祖所篡。
> —— 吕思勉

959年，周世宗去世，年仅7岁的周恭帝继位。赵匡胤、石守信、王审琦等人掌握了兵权。

第二年，传闻契丹和北汉要联合攻打后周。主政的符太后在宰相范质的建议下，派赵匡胤率军迎击。赵匡胤以兵力不足为由，拒绝出战。无奈之下，符太后只好授予赵匡胤能调动全国兵马的兵权。赵匡胤行军至陈桥驿时，在弟弟赵匡义、亲信赵普的支持下，发动兵变，众将士将黄袍披在他身上，拥立他为皇帝。

赵匡胤

后来，赵匡胤率兵返回都城，逼使周恭帝禅位，登基称帝，建立了宋朝。陈桥兵变是一次有预谋的兵变事件，赵匡胤由此轻而易举地夺取了后周政权。

提问

赵匡胤于_____年发动了陈桥兵变。
A 959　B 960　C 961

第176天 有·名·的·历·史·事·件

月 日

澶渊之盟

> 1004年，辽圣宗奉其母入寇，至澶（chán）州（今河南濮阳）。真宗听了宰相寇准的话，御驾亲征，才算把契丹吓退。
>
> — 吕思勉

1004年，随着辽国势力的不断壮大，萧太后和辽圣宗决定亲自率兵南下，夺取宋朝城池。面对气势汹汹的辽军，宋真宗一开始打算南逃，但宰相寇准竭力反对，请他亲自前往澶州督战。

辽军和宋军在澶州对峙的时候，宋真宗亲自登上城楼督战，鼓舞了宋军将士的士气。此时，由于远距离深入作战，加上粮草供给不足，辽军实力大减，于是主动向宋朝请求议和。

1005年，宋真宗同意了辽朝的议和，双方在澶州签订合约，约定宋辽两国以白沟河为界，日后成为兄弟之国，同时宋朝每年要送给辽银十万两、绢二十万匹。这就是历史上著名的"澶渊之盟"。

提问

"澶渊之盟"是在_____签订的。

A 澶州　　**B** 白沟河　　**C** 汴京

第177天 有·名·的·历·史·事·件　月　日

靖难之役

> 明代政治的败坏，实始于成祖时。其一为用刑的残酷，其二为宦官的专权，而两事亦互相依倚。
> ——吕思勉

1398年，明太祖朱元璋去世，其孙建文帝朱允炆继位。不久，建文帝在大臣齐泰等人的建议下，实施削藩政策。由于力度较大，有的藩王被贬为庶人，有的被囚禁起来，有的甚至因此丧命。

在众藩王中，燕王朱棣是势力最大的一个。眼看建文帝逐渐将矛头对准自己，朱棣决定起兵反抗。1399年，朱棣以"靖难"为名，率领大军一路南下，史称"靖难之役"。

经过多次对战，朱棣最终于1402年攻占都城（今江苏南京），登基称帝，改年号为永乐，史称"明成祖"。

朱棣

提问

朱棣于_____年称帝。
A 1398　B 1399　C 1402

小知识

"靖"有平定的意思，"靖难"的意思为"平定祸乱"。

第178天 有·名·的·历·史·事·件

月 日

郑和下西洋

> 郑和当日的航路,实自南海入印度洋,达波斯湾及红海,且拂非洲的东北岸,其所至亦可谓远了。
>
> ——吕思勉

郑和是明朝著名的航海家、外交家。郑和第一次下西洋发生在1405年。他先后率船队7次下西洋,到过爪哇、苏门答腊、古里等30多个国家和地区,最远到过红海沿岸和非洲东海岸。

郑和下西洋不仅是我国古代规模最大、历时最久的航海活动,更是世界历史上规模最大的航海活动。这些探险活动不仅增进了我国与这些国家、地区之间的联系,还展示了中华民族人民的勇气和毅力,对我国的文化传播和中外经济发展起到了积极的促进作用。

提问

郑和一共下西洋_____次。

A 5　　B 6　　C 7

第179天　有·名·的·历·史·事·件　　月　日

土木之变

> 卫拉特即明代的瓦剌。当土木之变时,其根据地本在东方。自蒙古复强,他即渐徙而西北。到清时,共分为四部:曰和硕特……曰准噶尔……曰杜尔伯特……曰土尔扈特。
>
> ——吕思勉

1449年,瓦剌首领也先率领大军南下,兵分四路,对明朝边境地区发起了强势进攻。前来抵抗的明军接连败退,明朝边境地区接连失陷,告急文书源源不断地飞往京城,预示着全面战争就要打响。

明英宗朱祁镇面对战争的威胁,不顾群臣反对,在宦官王振的鼓动下坚持亲自出征,在土木堡与也先率领的部队作战。

朱祁镇

没想到,明英宗竟将军事指挥大权全权交给没有实战经验的宦官——王振。结果,由于王振不善督战,明军一片混乱,节节败退,军心动摇。

在瓦剌军队的步步紧逼下,王振被杀,明英宗被俘,明军大败。

土木之变是明朝历史的一个重要转折点,是明朝由盛转衰的开端。

提问

明英宗在_____被俘。

A 土木堡　　**B** 水木堡　　**C** 火木堡

鸦片战争

> 适会鸦片输入太甚，因输出入不相抵，银之输出甚多。银在清朝是用为货币的，银荒既甚，财政首受其影响。遂有1839年林则徐的烧烟。中、英因此酿成战衅。
>
> ——吕思勉

1839年，林则徐在广东虎门海滩销毁从外国烟贩手上查缴的鸦片，史称"虎门销烟"。次年，英国政府以此为借口，派遣40余艘舰船及4000多个士兵抵达广东珠江口，封锁海口，拉开了鸦片战争的序幕。

面对英国军队的入侵，清政府派遣大军抵抗，却被打得节节败退。最终，清政府被迫于1842年和英国政府签订了我国近代史上的第一个不平等条约《南京条约》。

随着《南京条约》的签订，我国逐步沦为半殖民地半封建社会，国家主权、领土完整以及社会安定受到严重破坏，我国的近代屈辱史也由此开始。

提问

《南京条约》是我国近代史上第_____个不平等条约。
A 一　　B 二　　C 三

洋务运动

> 1894年，日人预备充足，蓄意挑衅，卒至以兵戎相见。我国战败之后，于其明年，订立《马关条约》。
>
> ——吕思勉

1861年，恭亲王奕䜣联合大臣文祥、桂良二人，一同向朝廷呈上《通筹夷务全局酌拟章程六条》，目的在于通过学习西方先进的科学技术来实现富国强兵，以此维护清王朝的统治。洋务运动由此开始。

洋务运动前期以"自强"为口号，旨在引进和学习西方的先进生产技术，创办了江南机器制造总局、福州船政局、天津机器制造局等军用工厂。后期以"求富"为口号，兴办铁路、轮船、电报、邮政、纺织、采矿等新式民用工业。

1894年，甲午中日战争爆发，北洋海军全军覆没。这一事件标志着洋务运动的破产。洋务运动在一定程度上刺激了中国民族资本主义的发展，却没能让我国走上富国强兵之路。

提问

洋务运动前期的口号是_____。
A 富强　　B 自强　　C 求富

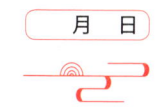

公车上书

> 康有为的宗旨,在于大变和速变。大变所以谋全盘的改革,速变则所以应事机而振精神。
>
> ——吕思勉

1895年,清王朝因在甲午中日战争中战败,即将和日本签订丧权辱国的《马关条约》。为了反对签订条约,康有为和梁启超召集了1300多个举人,联名向光绪帝上书,史称"公车上书"。

康有为等人在上书中提出了四项对策:下诏鼓天下之气、迁都定天下之本、练兵强天下之势、变法成天下之治。简单来说,就是"拒和、迁都、练兵、变法"。

梁启超

康有为指出,前三项只是应敌的权宜之计,第四项才是立国自强的根本方法。

虽然公车上书以失败告终,但它拉开了维新变法的序幕,激励了更多中国人走上救亡图存的道路。

提问

康有为和梁启超作为召集人向_____帝上书,反对签订《马关条约》。
A 光绪　　**B** 康熙　　**C** 乾隆

戊戌变法

> 起自中等阶级，以旧有的文化为根柢的，是为戊戌维新。——吕思勉

1898年，在光绪帝的支持下，康有为、梁启超等维新派人士正式开始变法维新，史称"戊戌变法"。他们主张学习西方的先进科学文化，提出了改革政府机构、开办新式学堂、创办报刊、废除八股文、训练新式陆军及海军、鼓励私人兴办工矿企业等在内的改革内容。

康有为

戊戌变法损害了以慈禧太后为首的守旧派的利益。1898年9月21日，慈禧太后发动戊戌政变，下令囚禁光绪帝。康有为和梁启超逃往国外，以谭嗣同为首的"戊戌六君子"英勇就义，戊戌变法宣告失败。

虽然戊戌变法失败了，但它是我国近代史上一次极为重要的政治改革和思想启蒙运动，推动了思想文化的发展，促进了中国近代社会的进步。

提问

戊戌变法的内容不包括 _____。
A 创办报刊　　**B** 开办新式学堂　　**C** 兴建铁路

武昌起义

> 1911年10月10日，即旧历辛亥八月十九日，革命军起事于武昌。 ——吕思勉

1911年10月10日，以文学社、共进会为首的革命党人，在武昌发起了一次以推翻清政府统治为目标的武装起义，史称"**武昌起义**"。武昌起义是辛亥革命的开端。

武昌起义爆发后，活动于汉阳、汉口等地的革命党人迅速开始行动，先后于1911年10月11日夜、10月12日光复汉阳、汉口。武汉三镇全部被起义军掌控。

1912年1月1日，中华民国成立。它是辛亥革命后建立的亚洲第一个民主共和国。中华民国的成立推翻了清政府，终结了中国两千多年来的封建制度。

提问

武昌起义于1911年10月＿＿＿＿日爆发。
A 10　B 11　C 12

辛亥革命

> 以流传于下级社会中固有的革命思想为渊源,采取西洋文化,而建立成一种方案的,则为辛亥革命。——吕思勉

辛亥革命发生于农历辛亥年(1911年至1912年初),目的是推翻清政府的统治,建立共和政体。

狭义的辛亥革命,指从1911年10月10日武昌起义爆发到1912年元旦中华民国成立期间中国发生的革命事件。广义的辛亥革命,指19世纪末到成功推翻清政府统治期间中国出现的革命运动。

辛亥革命是一次完全意义上的近代民族民主革命,推翻了统治中国两千多年的封建君主专制制度,带来了思想文化的解放,传播了民主共和的理念,激发了中国人民的爱国之情。

> 辛亥革命对近代亚洲的觉醒也产生了深远的影响。

提问

辛亥革命发生在农历_____年。
A 辛丑　**B** 辛亥　**C** 辛卯

了不起的历史人物

治水名人大禹

> 后人说禹治水的功绩，和唐、虞、夏间的疆域，大抵根据《书经》中的《禹贡》，其实此篇所载，必非禹时实事。
> ——吕思勉

❶ 治水世家

禹，姒姓，名文命，是黄帝的玄孙。尧统治天下的时候，禹的父亲鲧被派去治理黄河水患。鲧花了9年时间，却没有取得一点儿成果，黄河依然水患不断，尧因此处死了他。

❷ 改变方法治河川

舜成为统治者后，派禹去治水。禹用疏导河川、凿山通水的方法成功解决了黄河水患。后人尊称他为大禹。

禹

❸ 三过家门而不入

相传，禹花了13年治理水患。治水期间，他曾3次从家门口经过，但他一心想着治理水患，因此三过家门而不入。

提问

大禹花了_____年治理水患。
Ⓐ 9　　Ⓑ 10　　Ⓒ 13

周朝奠基人周文王

> 两汉时儒学盛行。儒学是封建时代的产物，颇笃于君臣之义的。……以魏武帝的功盖天下，亦始终只敢做周文王……就是为此。
>
> ——吕思勉

❶ 西周奠基人

周文王，本名姬昌，亦称伯昌，是西周的奠基人。他勤于政事，礼贤下士，提倡"德治"，大力发展农业且降低赋税，以减轻老百姓的负担。

❷ 废除炮烙之刑

商纣王发明了炮烙之刑。这种刑罚十分残忍，是用炭烧铜柱，让犯人在铜柱上走，掉进炭中就会被烧死。听闻这种残忍的刑罚，姬昌向商纣王提出请求，表示愿意将洛河西岸的一块肥沃的土地贡献出来，以换取废除这种炮烙之刑。

周文王

❸ 迁都丰京

周文王六年，周的都城由岐山周原迁至渭水平原，史称丰京。随后，周文王又向南扩展势力，发展至长江、汉江、汝水流域，形成"三分天下有其二"的形势。当时，天下诸侯多归顺于周文王，殷商日渐衰微。

提问

周文王将都城迁至_____。
A 岐山　B 丰京　C 汝水

开国元勋姜子牙

> 《史记·货殖列传》说：太公封于齐，地潟卤，人民寡，太公实以通鱼盐为致富的一策。这或是后来人的托词，然春秋战国时，齐国渔业的兴盛，则可想见了。 ——吕思勉

❶ 不俗的出身

姜子牙，本名姜尚，商朝末年的军事家、政治家。姜子牙的祖先曾助大禹治水，因有功绩而被分封到吕地，因此姜子牙也被称作吕尚。

❷ 姜子牙出山

姜子牙本在商朝做官，由于商纣王昏庸无道，便辞去了官职。在他70岁时，周文王听说了姜子牙钓鱼的故事，便带上厚礼去请姜子牙出山辅佐他。

姜子牙

❸ 辅佐四代周王

姜子牙一共辅佐了周文王、周武王、周成王、周康王这四代周王。他辅佐周武王姬发伐纣灭商，建立周朝。周武王将他封为齐国之侯，封地在营丘（今山东临淄），姜子牙成为齐国的始祖。

提问

姜子牙辅佐_____建立了周朝。
A 周文王　　B 周武王　　C 周成王

华夏第一相管仲

> 法治主义起源于春秋时代，如管仲、子产所实行的就是，但形成一个学派却在尹文、申不害、商鞅、韩非的时代。——曹伯韩

❶ 得鲍叔牙举荐

管仲，名夷吾，春秋初期著名政治家，最初辅佐齐僖公之子公子纠。公元前685年，齐桓公即位，管仲由鲍叔牙举荐，开始辅佐齐桓公，被任命为卿。

❷ 尊王攘夷

管仲辅佐齐桓公期间，对内以富国强兵为目标大兴改革，对外则打着"尊王攘夷"这个口号，帮助齐桓公多次主持诸侯会盟，史称"九合诸侯"。

管仲

❸ 华夏第一相

在管仲的辅佐下，齐国国力强盛，位列诸侯之首。管仲因功绩显赫，被尊称为"仲父""管子"，享有"圣人之师""华夏第一相"等美誉。

提问

在管仲的帮助下，齐桓公_____合诸侯。
Ⓐ 八　　Ⓑ 九　　Ⓒ 十

孙武是孙子

> 孙子为吴王阖闾的大将,著《兵法》八十二篇,魏武帝选辑其中最精粹的十三篇,加以注解,名《孙武子》。——曹伯韩

❶ 兵圣

孙子即孙武,子长卿,春秋时期著名的军事家、政治家。他以兵法出名,是兵家的代表人物,被尊称为"兵圣"。

❷《孙子兵法》

孙子著有《孙子兵法》一书。《孙子兵法》是现存最古老的兵书,书中总结了春秋末期及以前的战争经验,揭示了普遍的军事规律,提出许多实用的用兵之道,被誉为"兵学圣典"。

孙子

❸ 哲学性

《孙子兵法》不仅是著名的兵书,其中体现的哲学思想也十分丰富,包含朴素的唯物论和辩证法思想。

提问

孙子被尊称为_____。
A 诗圣　　B 兵圣　　C 药圣

法家代表商鞅

> 公孙鞅的政策只是用赏罚来提倡实业，提倡武力。这种政策功效极大，秦国渐渐富强，立下后来吞并六国的基础。
> ——胡适

❶ 钻研刑名法术

商鞅，战国时期著名的政治家、改革家、思想家、军事家。在吴起、李悝等法家大家的影响下，商鞅对刑名法术颇有研究，他也是法家的代表人物。

❷ 商鞅变法

公元前356年，商鞅在秦孝公的支持下，开始在秦国实行变法，变法先后共两次，史称"商鞅变法"。秦国由此走上了富强之路。

商鞅

❸ 商学派由此诞生

商鞅去世后，他的思想经过一段时间的发展与丰富，最终形成一门学派，即"商学派"。这一学派不仅成为当时秦国的主流思想，在后来的许多朝代也仍是主流思想。

提问

商鞅一共实行了_____次变法。
A 两　　B 三　　C 五

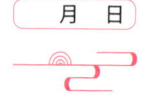

统一全国秦始皇

> 前246年,秦始皇立。……前230年,灭韩。前228年,灭赵。燕太子丹使荆轲刺秦王,不中,秦大发兵以攻燕。前226年,燕王喜奔辽东。前225年,秦人灭魏。前223年,灭楚。前222年,发兵攻辽东,灭燕。前221年,即以灭燕之兵南灭齐,而天下遂统一。
>
> ——吕思勉

❶ 13岁继位

秦始皇,本名嬴政,幼年在赵国都城邯郸生活,13岁时继承王位。起初,秦国朝政由权臣吕不韦掌管。后来,嬴政亲政,并罢免了吕不韦。

❷ 灭六国

从公元前230年至公元前221年,嬴政在李斯、王翦等人的辅佐下,先后灭了韩、赵、魏、楚、燕、齐六国,建立了秦朝。

❸ 自称"始皇帝"

秦统一六国后,嬴政觉得自己"德兼三皇,功过五帝",便自称"始皇帝"。他是我国第一个使用"皇帝"称号的帝王。

提问

秦始皇_____岁继承王位。
A 13　　B 21　　C 23

起义领袖陈胜

> 秦始皇死的明年,戍卒陈胜、吴广起兵于蕲(今安徽宿县),北取陈。胜自立为王,号张楚。
> ——吕思勉

❶ 燕雀安知鸿鹄之志

陈胜出身贫寒,年轻时靠给人当雇农谋生。当时正值秦朝末年,社会黑暗、统治者昏庸无道,陈胜心存大志,但其他人认为他是痴心妄想。对此,陈胜以"燕雀安知鸿鹄之志哉"来回应。

❷ 大泽乡起义

公元前 209 年,陈胜和吴广在大泽乡(今安徽宿州)发动起义,揭开了秦末农民起义的序幕。这是我国历史上第一次大规模的农民起义。

陈胜

❸ 建立张楚政权

陈胜和吴广率领的起义军队伍迅速发展壮大,不久就成功攻下陈县(今河南淮阳)。陈胜被推举为王,建立了张楚政权。

提问

陈胜、吴广于公元前_____年起义。
A 209　　B 210　　C 221

还定三秦韩信

> 当楚、汉相持之时,有一策士,名唤蒯彻,曾劝韩信以三分天下之计。
>
> ——吕思勉

❶ 汉初三杰之一

韩信是我国古代杰出的军事家,也是西汉的开国功臣,与张良、萧何一起辅佐刘邦建立了西汉王朝,三人合称"汉初三杰"。

❷ 还定三秦

秦朝灭亡后,项羽自立为"西楚霸王",分封诸侯,封刘邦为汉王。他将关中地区分成三部分,分别交由雍王章邯、翟王董翳、塞王司马欣管辖,这便是所谓的"三秦"。次年,刘邦听取韩信的计谋,成功夺取三秦,一举夺回了关中地区的掌控权。

韩信

❸ 成也萧何,败也萧何

起初,韩信是在萧何的竭力举荐下才被刘邦重用。后来,韩信意欲谋反,却被吕后与萧何合谋杀死,这便是所谓的"成也萧何,败也萧何"。

提问

秦朝灭亡后,项羽自立为"＿＿＿"。

A 西楚霸王　　B 东楚霸王　　C 南楚霸王

第195天　了·不·起·的·历·史·人·物　月　日

开创盛世汉武帝

> 到武帝，才大出兵以征匈奴，前127年，恢复河南之地，匈奴自此移于漠北。前119年，又派卫青、霍去病绝漠攻击，匈奴损折颇多。此外较小的战斗，还有多次，兵事连亘，前后共二十余年，匈奴因此又渐移向西北。
>
> ——吕思勉

❶ 少年即位

汉武帝刘彻是西汉杰出的政治家、军事家、战略家、文学家。他7岁被立为太子，16岁继承帝位。

❷ 汉武盛世

汉武帝在位期间，对内施行推恩令，加强中央集权。同时，创立察举制度，大力选用、提拔能人志士。他尊崇儒术，在长安兴建太学。汉武帝在位54年，开创了"汉武盛世"。

汉武帝

❸ 北击匈奴

汉武帝先后多次派卫青、霍去病等人率兵出击匈奴。他还两次派张骞出使西域，加强了西汉和西域各族的往来。

提问

汉武帝两次派_____出使西域。
Ⓐ 卫青　　Ⓑ 张骞　　Ⓒ 霍去病

第196天 了不起的历史人物

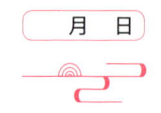

史学大家司马迁

> 《史记》是最早的一部完备的史书……首创史例的司马迁，编撰《史记》一书，是以人物做历史的中心，作十二"纪"以叙帝王，三十"世家"以叙公侯，七十"列传"以志士庶，共计一百一十二篇传记，形成全书的主要部分。
>
> ——曹伯韩

❶ 少时游历天下

司马迁，字子长，西汉杰出的史学家、文学家。他从小在父亲司马谈的教导下读书识字。20岁那年，司马迁在父亲的支持下开始游历天下，遍访名山大川，采集风俗传闻。

❷ 继承父志著史书

司马迁的父亲去世后，他继承父亲编撰史籍的志向，着手编撰史书。之后，他因替大将李陵陈情而被施以宫刑，身心遭到重创。但他依然笔耕不辍，写出了我国第一部纪传体通史《史记》。

司马迁

❸ 精通天文历法

司马迁不仅是一个伟大的史学家，还精通天文星象。《史记》中就记载了他关于天文星象的研究成果。

提问

司马迁_____岁开始游历天下。
Ⓐ 18　　Ⓑ 19　　Ⓒ 20

智者忠臣诸葛亮

> 刘备的嗣子愚弱,所以托孤于诸葛亮。诸葛亮是有志于恢复中原的。
> ——吕思勉

❶ 隐居隆中

诸葛亮,字孔明,三国时期杰出的政治家、军事家、发明家、文学家。他早年跟随叔父诸葛玄在荆州生活。叔父去世后,诸葛亮便在隆中隐居。

❷ 三顾茅庐

刘备因仰慕诸葛亮的才能,三次拜访诸葛亮,最终以诚意感动诸葛亮,成功将这位足智多谋的军师收入麾下。诸葛亮尽心辅佐刘备建立蜀汉政权。

诸葛亮

❸ 大发明家

诸葛亮不仅有杰出的军事才能,还是一位优秀的发明家。相传著名的木牛流马、诸葛连弩等都是他的发明。

提问

为请诸葛亮出山相助,刘备先后_____次拜访他。
A 3　　B 5　　C 7

能文能武辛弃疾

> 辛弃疾字幼安,历城人,初在刘豫处,后南来投宋,为浙东安抚使,加龙图阁侍制,进枢密都承旨。他出入兵间,甚有才略;他的词也慷慨豪恣,如他的为人。
>
> ——郑振铎

❶ 词中之龙

辛弃疾,号稼轩,是南宋豪放派词人的代表,被誉为"词中之龙"。他与苏轼合称"苏辛",与李清照并称"济南二安"。

❷ 壮志难酬

辛弃疾是南宋时期杰出的抗金将领,一生以收复中原为志向。可惜他的主张不被朝廷采纳,他还不断遭到异己势力的陷害,最终在数次被弹劾后,抱憾病逝。

❸ 以词寓志

辛弃疾以词寓志,将满腔爱国之情融入词作中,创作了许多经典作品。他的词风格豪迈却不失细腻,题材广且善于化用典故,具有极高的文学价值。

提问

辛弃疾和_____合称"苏辛"。
A 苏轼　　B 李清照　　C 文天祥

宋末三杰文天祥

> 文天祥字履善，庐陵人。南宋末年为右丞相，到蒙古军讲解，为所留。后得脱逃归，起兵为最后的战斗。兵败，复为他们所执，居狱4年，终于不屈而死。
>
> ——郑振铎

❶ 少年状元

文天祥，字履善，一字宋瑞，号文山，南宋杰出的文学家、政治家。21岁那年，他考中进士第一，成为状元。

❷ 抗元名臣

文天祥是南宋时期的抗元名臣，他曾广招义士解救君王，还曾率军苦战东南，立下了不少战功。即使最终被元军俘虏，文天祥依然忠心不改，最终英勇就义。

文天祥

❸ 零丁洋里叹零丁

文天祥留下了不少杰出的文学作品，他在代表作《过零丁洋》中写道："人生自古谁无死，留取丹心照汗青。"这是他人生的真实写照。

提问

文天祥的代表作是_____。
Ⓐ《念奴娇·赤壁怀古》　Ⓑ《菩萨蛮·书江西造口壁》
Ⓒ《过零丁洋》

大科学家郭守敬

> 唐宋时代曾出现过几次新的历法，但天文学没有可注意的发展。直到元代郭守敬的《授时历》，测验才有些进步。——曹伯韩

❶ 多重身份

郭守敬，字若思，元朝杰出的天文学家、数学家、水利专家，世称"郭太史"。他的代表作有《推步》《立成》等。

❷《授时历》

《授时历》是郭守敬与王恂、许衡等人共同创制的新历法，是当时世界上最先进的历法，也是我国历史上最精良的历法。

郭守敬

❸ 水利工程

在水利工程方面，郭守敬奉命主持自大都到通州的运河工程，修治了许多河道。

提问

郭守敬的代表作有 _____ 。
A《推布》　　B《天工开物》　　C《墨经》

民族英雄郑成功

> 郑成功为郑芝龙的儿子。芝龙本系海盗,受明招安的。 —— 吕思勉

❶ 著名将领

郑成功,本名森,字明俨,号大木,明末清初的著名将领。

❷ 抗清名将

清军南下入侵明朝领土时,郑成功率领部队在东南沿海地区抗击清军,凭借海战优势守住了厦门和金门这两个重要的港口城市。

郑成功

❸ 收复台湾

1661年,郑成功率军越过台湾海峡,准备进攻台湾。围困敌军8个月后,郑成功率军发起强攻,成功收复了台湾,结束了荷兰东印度公司在台湾的统治。

提问

郑成功收复了_____。
A 香港　　**B** 澳门　　**C** 台湾

一代医圣李时珍

> 李时珍编著《本草纲目》五十二卷,增药三七四种,尤为名著。
>
> ——曹伯韩

❶ 医药世家

李时珍,字东璧,号濒湖,明代杰出的医药学家。他出生于医药世家,从小便耳濡目染,立志救死扶伤。

❷ 遍采百草

李时珍在行医救人的时候,发现以往的医书有不少错误的地方。于是,他翻阅历代的医学典籍,遍采百草,向樵夫、渔夫、车夫、捕蛇者等人请教各类草药知识。

李时珍

❸《本草纲目》

李时珍的代表作《本草纲目》共52卷,是他耗尽半生的心血之作。书中不仅记载了丰富的草药学知识,还涉及植物学、动物学、矿物学等方面的内容。

提问

李时珍的代表作是_____。
A《本草纲目》　　B《伤寒杂病论》　　C《神农本草经》

清正廉明刘墉

> 清代著名书法家有刘墉、翁方纲、钱大昕、阮元、吴荣光、何绍基等。——曹伯韩

❶ 清正廉明

刘墉,字崇如,号石庵,清朝著名的政治家、书法家,以奉公守法、清正廉洁闻名于世。

❷ 大书法家

刘墉的书法与翁方纲、梁同书、王文治齐名,并称当时的四大书法家。刘墉擅长小楷,书法用墨饱满,貌丰骨劲。

刘墉

❸《刘公案》

刘墉为官50多年,期间断案无数。清朝晚期,有人以他为原型创作了一部民俗说话作品——《刘公案》,讲述了他平反冤案、惩办贪官的故事。

提问

刘墉与翁方纲、梁同书、王文治并称为当时的四大_____。
A 政治家　　**B** 发明家　　**C** 书法家

了不起的哲学思想

第204天 了不起的哲学思想　月　日

道生万物

> 我们从《道德经》研究老子思想，便知老子认定宇宙的本体，是道或天，是自然的物质……而运动过程则有几个阶段，所谓"道生一，一生二，二生三，三生万物"。
> ——曹伯韩

❶ 老子哲学体系的核心

"道"是老子哲学体系的核心。"道生一，一生二，二生三，三生万物"是老子在其著作《道德经》中提出的对宇宙起源探索和认识的思想。

❷ 事物运行的规律

老子说的"道"是我们存在的这个世界中一切事物运行的规律，也就是说，世间的一切都是由这种规律演变而来的。

老子

❸ 道可道，非常道

老子说："道可道，非常道。"意思是世间的道理是需要不断地修正与完善的。

提问

老子说："道生一，一生二，二生三，三生_____。"
A 四　　B 万物　　C 道

"无为"与"有为"

> 老子说:"道常无为而无不为。"道的作用,只是万物自己的作用,故说"道常无为"。但万物所以能成万物,又只是一个道,故说"而无不为"。
>
> ——胡适

❶ "无为"是指顺应自然

无为是老子在《道德经》中提出的重要概念。道家宣扬的"无为"是指人要遵循自然规律,顺应自然运行,不做不必要的事。

❷ "有为"是要尽人事

"有为"的意思和"无为"相反,是指要主动、积极地去干预和改变事物的状态,要处处尽人事。

❸ 君无为而臣有为

在老子"道常无为而无不为"的基础上,道家又提出了"君无为而臣有为"这个观点,认为君王的职责是监督大臣,而非把大臣的事都做了。我们平常也可以用自己的"无为"给他人创造"有为"的空间,无须什么事都大包大揽。

提问

_____提出了"道常无为而无不为"。
Ⓐ 老子　　Ⓑ 墨子　　Ⓒ 庄子

庄周梦蝶

> 庄子的名学和人生哲学，都只是要人知道"万物皆一"四个大字。——胡适

❶ 庄子一梦

"庄周梦蝶"出自《庄子·齐物论》，讲的是庄子有一天梦到自己变成了蝴蝶。醒后，庄子不知是自己在梦中变成了蝴蝶，还是蝴蝶在梦中变成了他。

❷ 万物皆一

"庄周梦蝶"这个故事完美体现了庄子哲学思想的精髓——万物皆一。在他看来，天、地、人理应是和谐、统一的，也就是说，人与自然本就是一体的。

❸《齐物论》

《庄子·内篇》的第二篇是《齐物论》。《齐物论》中的几个故事虽然没有明显的关联，但主题思想是统一的。

提问

"庄周梦蝶"出自_____。
Ⓐ《老子》　Ⓑ《庄子》　Ⓒ《荀子》

"性善"与"性恶"

> 孟子把"性"字来包含一切"善端",如恻隐之心之类,故说性是善的。荀子把"性"来包含一切"恶端",如好利之心,耳目之欲之类,故说性是恶的。这都由于根本观点不同之故。
>
> ——胡适

❶ "性善"论

"性善"论是孟子针对人性提出的论述。在他看来,人性本善,如果一个人向善,那便是他人性本性的彰显,反之就是违背了人性的本性。

❷ "性恶"论

"性恶"论是荀子针对人性提出的论述。他认为人的本性是恶的。因此,荀子特别强调道德教育在人性养成中的重要作用。

❸ "性无善无不善"论

战国时期的告子认为"性无善无不善"。他的观点是,人的自然属性没有道德意义,善恶的产生是后天习俗导致的。

提问

孟子主张人性本_____。
A 善　　B 恶　　C 无善无不善

兼爱非攻

> 墨子是一个极热心救世的人，他看见当时各国征战的惨祸，心中不忍，所以倡为"非攻"论。他以为从前那种"弭兵"政策都不是根本之计。根本的"弭兵"，要使人人"视人之国，若视其国；视人之家，若视其家；视人之身，若视其身"。这就是墨子的"兼爱"论。
>
> ——胡适

❶ 兼爱

"兼爱"是墨子的主要思想，指人人平等相爱。他反对儒家思想"爱有等差"，主张爱无差别等级，不分厚薄亲疏。

❷ 非攻

"非攻"是墨子军事思想的体现，意思是不去攻打别人，即"大不攻小也，强不侮弱也，众不贼寡也，诈不欺愚也，贵不傲贱也，富不骄贫也，壮不夺老也。是以天下之庶国，莫以水火毒药兵刃以相害也"。

❸ "兼爱"出于"仁"

"兼爱"生于儒家的"仁"思想，二者都有博爱之意。但兼爱高于博爱，它不讲差别，对父母、子女、陌生人一视同仁。

墨子

提问

"兼爱""非攻"是_____的思想。
A 老子　　B 孟子　　C 墨子

名实之辩

> 中国古代哲学的一个重要问题，就是名实之争。老子是最初提出这个问题的人。……老子虽深知名的用处，但他又极力崇拜"无名"。
>
> ——胡适

❶ 名实之辩的内涵

名实之辩指的是先秦时期就事物的名字或概念（名）和事物本身（实）之间的差别展开的一场著名的辩论。在这场辩论中，儒家、道家、墨家和名家各抒己见。

❷ 以名正实

儒家创始人孔子提出"以名正实"，即所谓的"名不正则言不顺，言不顺则事不成"。孔子提倡按照周礼规定的等级名分来处理"名实之辩"，维护社会稳定。

❸ 取实予名

墨家创始人墨子针对"名实之辩"，提出"取实予名"这个主张，他认为要根据事物的实际情况给予对应的名称。

提问

"以名正实"这个观点是_____提出的。
A 孔子　　B 墨子　　C 老子

第210天 了不起的哲学思想

为我主义

> 杨朱的为我主义,并不是损人利己。他一面贵"存我",一面又贱"侵物";一面说"损一毫利天下不与也",一面又说"悉天下奉一身不取也"。他只要"人人不损一毫,人人不利天下"。这是杨朱的根本学说。
>
> ——胡适

❶ 重视本性

杨朱提出为我主义,即以"我"为中心,人只有重视人类原有的自然性,才会感到快乐。

❷ 天下太平

在人与人的关系上,为我主义主张人我不相损、不相侵、不相给,只要这样,天下就没有窃位夺权的人,也没有化公为私的人,便能天下太平。

❸ 快乐第一

在对生命的态度上,杨朱注重"全性保真"。他认为人生短促,活着的时候必须享尽人生之乐,充分放纵人欲。

杨朱

提问

为我主义主张人我_____。
A 不相损　　**B** 不相争　　**C** 不相辩

第211天 了不起的哲学思想

制天命而用之

> 荀子在儒家中最为特出,正因为他能用老子一般人的"无意志的天",来改正儒家墨家的"赏善罚恶"有意志的天;同时却又能免去老子、庄子天道观念的安命守旧种种恶果。——胡适

❶ 荀子的唯物主义

"制天命而用之"出自《荀子·天论》,意思是要掌控并利用自然规律,为人类服务,是一种唯物主义思想观。

❷ 天行有常

"天行有常,不为尧存,不为桀亡。"在荀子看来,天地运行的客观规律不以人的意志为转移。同时,天也没有赏善罚恶的意志,尧不会因为仁善就得到上天的厚爱,夏桀不会因为残暴就受到上天的惩罚。

荀子

❸ 有为的思想

了解天命的真正含义,避免将自己的命运归咎于外界因素,才能发掘个人的潜力,从而大有作为。

提问

"天行有常"是_____的思想。
Ⓐ 老子　Ⓑ 荀子　Ⓒ 庄子

第212天 了不起的哲学思想

格物致知

> 宋代程子、朱子提倡格物—穷理的哲学。……照程子、朱子的解释,"格物"是"即物而穷其理。……即凡天下之物,莫不因其已知之理而益穷之,以求至乎其极"。这样的格物致知,可以扩大人的智识。
>
> ——胡适

❶ 什么是格物致知

格物致知出自《礼记·大学》,意思是通过推究事物的原理,求得对事物的认识。

❷ 实践精神

格物致知本质上是一种实践精神,即人们的知识是通过不断地实践来获得和提升的。只有在实践中身体力行,才能找到最经得起实践考验的真理。

❸ 促进科学技术的发展

朱熹等有识之士对格物致知学说的推崇,促进了宋朝科学技术的发展。明清时期,格物致知的精神更是为中西科学技术和学习理念的交流奠定了思想基础。

提问

格物致知出自_____。
A《礼记》 B《尚书》 C《周易》

上善若水

> 中国哲学家老子曾传授过上善若水,水善应万物而不争。——胡适

❶ 出自《道德经》

《道德经》中记载:"上善若水。水善利万物而不争,处众人之所恶,故几于道。""上"有最、完美的意思,"上善若水"是指道德最完美、最高尚的人像水一样,水低调却有强大的影响力,几乎接近道。

❷ 最高境界的善

水能穿石破山,力量不容忽视;也能纳入瓶壶,流于江河,轻易顺应环境。水总是往低处流,不争不抢,滋养万物,包容一切,这样不招摇的利他思维是最高境界的善。

❸ 向水学习

老子认为,人要向水学习,做到以下七点:要像水一样低调;遇事要能沉得住气,表面看不出波澜;与人交往要讲诚信;言出必行;做事精简;善用自己的优势;善于把握时机。

提问

上善若水是_____的观点。
A 孟子　　B 孔子　　C 老子

知行合一

> 如医生之诊病开方，疗伤止痛，那便是知行合一。如弹琴的得心应手，那才是知行合一。书本上的知识，口头的话柄，决不会做到知行合一的。
> ——胡适

❶ 什么是知行合一

明朝的思想家王阳明提出"知行合一"这个哲学理论。他认为人的认知和行为是紧密相连的整体。知是人对事物主观的理解，行是人的外在行为表现。

王守仁

❷ 知中有行，行中有知

有什么样的"知"，就会表现出什么样的"行"。观察人的外在表现，就能推导出这个人的真实素养。只能夸夸其谈，不能具体做出与之相符的行为，就不是真知。

❸ "知行"的传承

《尚书》和《左传》中就提到了知行的关系，例如"知易行难"，明白道理重在运用，强调理论必须和实际相结合的重要性。可见在我国古代哲学思想体系中，知行理论占了极大的比重。

提问

"知行合一"是_____提出的哲学思想。
Ⓐ 王阳明　　Ⓑ 程颐　　Ⓒ 朱熹

经世致用

> 顾炎武……的宗旨只有两条，一是实学，一是实行。……他希望拿这些实学来代替那言心言性的空虚之学。
> —— 胡适

❶ 对八股文的批判思潮

明朝末期，八股文成为士大夫的晋升工具，形成"明季士大夫问钱谷不知，问甲兵不知"这种局面。当时的学者提出"经世致用"这个观点，以批判八股文。

❷ 反对空虚之学

"经世致用"是明清之际的思想家黄宗羲、顾炎武、王夫之等人提出的观点。在他们看来，当时盛行的空虚之学极其不切实际，而他们提倡的"经世致用"，是指通过学习、引用古人的文章和行事之法，来解决当下的国事，起到救世的目的。

❸ 以天下为己任

"经世致用"集中体现了我国古代知识分子身上"以天下为己任"的情怀以及他们"求实务实"的思想。

提问

"经世致用"观点的提出者不包括_____。
A 顾炎武　　B 王夫之　　C 朱熹

了不起的哲学家

了不起的哲学家

老子

> 老子亲见那种时势,又受了那些思潮的影响,故他的思想,完全是那个时代的产儿,完全是那个时代的反动。 ——胡适

❶ 道家学派创始人

老子是我国古代杰出的思想家、哲学家、文学家,也是道家学派的创始人,与庄子并称"老庄"。老子的思想对中国哲学的发展具有深刻的影响。

❷ 学识渊博

老子起初在周王室担任管理典籍的史官。当时,老子以学识渊博闻名天下,孔子曾特意向老子问礼。

老子

❸《道德经》传世

春秋末年,老子看到周王室的衰败,主动弃官,打算云游四方。老子骑着青牛一路西行至函谷关,当时的关令尹喜请他著书立说,于是就有了流传后世的《道德经》。

提问

老子骑着_____云游。
Ⓐ 青羊　　Ⓑ 青牛　　Ⓒ 青马

第217天 了不起的哲学家

月 日

孔子

> 孔子本是一个重实行的政治家。他曾做过鲁国的司空，又做过司寇。鲁定公十年，孔子以司寇的资格，做定公的傧相，和齐侯会于夹谷，很替鲁国争得些面子。
> ——胡适

❶ 儒家学派创始人

孔子，名丘，字仲尼，春秋时期著名的政治家、思想家、教育家，儒家学派的创始人。

❷ 仁义礼智信

孔子首开私人讲学之风，弟子有3000多人，其中最出名的是"孔门七十二贤"。孔子一生倡导"仁义礼智信"，曾率领部分弟子周游列国，宣扬他的仁政思想。

孔子

❸ 晚年修订六经

到了晚年，孔子开始潜心修订六经，即《诗》《书》《礼》《乐》《易》《春秋》。

提问

孔子是_____家学派的创始人。
Ⓐ 道　Ⓑ 法　Ⓒ 儒

墨子

> 墨子是一个实行的宗教家。他主张节用,又主张废乐,所以他教人要吃苦修行。要使后世的墨者,都要"以裘褐为衣,以跂蹻为服,日夜不休,以自苦为极"。
> ——胡适

❶ 杰出的思想家

墨子,名翟,春秋时期杰出的思想家、教育家、军事家,墨家学派的创始人和代表人物。

❷ 非儒即墨

墨子以"兼爱"为核心思想,提出"兼爱""非攻""节用""尚贤"等观点。先秦时期,墨家与儒家并称"显学",当时还出现了"非儒即墨"这种说法。

墨子

❸《墨子》

《墨子》分为墨子自著和墨子的弟子或再传弟子对墨子言行的记录两部分内容,集中体现了墨家思想。

提问

先秦时期,墨家和儒家并称_____。
A 儒学　　B 显学　　C 墨学

杨朱

❶ 思想家和哲学家

杨朱,战国时期伟大的思想家、哲学家。杨朱开创了杨朱学派,主张"贵己""重生""人人不损一毫"。

❷ 为我主义

杨朱的思想过度注重自我。他反对墨子提出的"兼爱",主张建立人人为自己且不侵害别人的社会。

❸ 一毛不拔

一天,墨子的学生禽滑釐(lí)问杨朱:"假如从你身上拔一根汗毛,天下人会因此受益,你愿意吗?"杨朱回答:"天下人的问题,一根汗毛怎么可能解决?"禽滑釐继续问:"假如能解决,你愿意吗?"杨朱听完,一言不发。后来,人们用"一毛不拔"来形容自私、吝啬。

杨朱

提问

杨朱主张的思想不包括_____。
A 兼爱　　B 重生　　C 贵己

孟子

> 人性既然是善的,一切不善的,自然都不是性的本质。孟子以为人性虽有种种善的可能性,但是人多不能使这些可能性充分发达。——胡适

❶ 儒家之"亚圣"

孟子,字子舆,战国时期著名的思想家、政治家、教育家。他是儒家学派继孔子之后的另一位代表人物,与孔子并称"孔孟",后世尊称他为"亚圣"。

❷ 民贵君轻

孟子同样主张"仁政",并且提出了"民贵君轻"这个观点,意思是从国家的角度来看,老百姓是治理国家的基础和根本,其地位远高于君主。

❸《孟子》

《孟子》也是儒家的经典著作之一,由孟子及弟子一同编著而成。《孟子》与《大学》《中庸》《论语》被南宋理学家朱熹列为"四书"。

提问

"四书"不包括_____。
A《庄子》 B《论语》 C《孟子》

庄子

> 庄子的学说,只是一个"出世主义"。他虽与世俗处,却"独与天地精神往来……上与造物者游,而下与外死生无终始者为友"。中国古代的出世派哲学至庄子始完全成立。
> ——胡适

❶ 道家之祖

庄子,名周,战国时期著名的思想家、哲学家、文学家,道家学派代表人物。庄子最早提出"内圣外王"这一治政思想。他对易理有十分深刻的认识,和老子并称"老庄"。

❷ 兼具文学性与哲学性

庄子的代表作有《逍遥游》《齐物论》《养生主》等。他的文章极具想象力,还能巧妙地融入深奥的哲理,有一定的启发作用,被后世称赞为"文学的哲学,哲学的文学"。

❸ 道我合一

庄子的道学思想以老子提出的"道法自然"为基础。他继续将"道"作为哲学的核心问题,将"贵生""为我"的追求引向"达生""忘我"的境界,提出"道我合一"这一思想。

提问

庄子的代表作不包括_____。
A《逍遥游》　B《老子》　C《养生主》

荀子

> 荀子的"天论",不但要人不与天争职,不但要人能与天地参,还要人征服天行以为人用。
>
> ——胡适

❶ 后圣

荀子,名况,战国时期的思想家、哲学家、教育家,儒家学派的代表人物,也是先秦百家争鸣时期的集大成者,被后世尊称为"后圣"。

❷ 人定胜天

荀子对儒家的正统思想和理论进行了发展与创新,提出"制天命而用之",即所谓的"人定胜天"。他还提出"礼法并施""性恶论"等思想,强调学以致用,促进了儒家思想的发展。

❸《荀子》

《荀子》是荀子及其弟子整理或记录而成的一部儒家经典著作,共32篇。

荀子

提问

荀子的思想不包括_____。
A 人定胜天　**B** 礼法并施　**C** 有教无类

周敦颐

> 他的宇宙观虽承认变化与演化,但他以无极为起点,以寂然不动的诚为本体,以诚为无事无为,故他的人生观自然偏于主静。
> ——胡适

❶ "北宋五子"之一

周敦颐,北宋理学家。字茂叔,人称"濂溪先生"。他与邵雍、张载、程颢、程颐并称"北宋五子"。

❷ 以"诚"为核心的思想体系

在周敦颐看来,"诚"是宇宙存在的根本,他以"诚"为核心构建了自己的哲学思想体系,并由此提出人类的本性是真诚、善良的。

❸ 宋明理学的开山祖师

周敦颐提出无极、太极、阴阳五行、动静、至诚、无欲等理学思想和概念,成功开创了宋明理学的新格局,是宋明理学的开山祖师。

提问

周敦颐的哲学思想以_____为核心。
A 诚　　B 善　　C 真

程颐

> 理学或道学至二程而始成立。故程颐常说:"自予兄弟倡明道学。"他们是对于那纯粹主观的禅学作一种反动的抗议,他们要向那客观的宇宙里寻求那有客观的存在的天理。
> ——胡适

❶ 理学大家

程颐,字正叔,北宋著名的理学家、教育家,人称"伊川先生"。他与兄长程颢并称"二程",共同促进了宋代理学的发展。

❷ 共创"洛学"

程颐起初和兄长程颢一同拜入周敦颐门下,跟着他潜心学习理学。"二程"共同开创了以"理"为核心的思想学派——洛学,为宋代理学打下了坚实的基础。

❸ 穷理

程颐的理学思想以"穷理"为宗旨,他认为世间万物都有其存在的原因或道理,穷理就是要穷究事物的原因或道理。

提问

程颐是程颢的_____。
A 弟弟   B 哥哥   C 堂弟

朱熹

> 朱子死在庆元六年（1200）。……朱子语录，得潘时举、叶贺孙、黄干诸人的助力，刻成四十二卷，搜辑共三十三家。
> ——胡适

❶ 存天理，灭人欲

朱熹，字元晦，一字仲晦，号晦庵，南宋杰出的理学家、教育家。朱熹认为理是世界的本质，提出了"存天理，灭人欲"这一主张。

❷ 科举考试的标准

朱熹的代表作有《四书章句集注》《楚辞集注》等。其中，《四书章句集注》成为当时钦定的教科书，被当作科举考试的标准。

❸ 影响三朝的官方哲学

作为我国古代理学的集大成者以及"程朱学派"的代表人物，朱熹的理学思想被元、明、清三朝视为官方哲学，他也因此被尊称为"朱子"。

提问

朱熹被后世尊称为＿＿＿＿。
A 朱子　　B 夫子　　C 圣人

王守仁

> 阳明名守仁,浙江余姚人,因曾筑书屋于阳明洞讲学,被称为阳明先生,其学派称为姚江学派(阳明学派)。——曹伯韩

❶ 心学的集大成者

王守仁,字伯安,世称"阳明先生",明朝杰出的理学家、教育家,明朝心学的集大成者。

❷ 阳明学派

王守仁广收门徒,宣传他的思想主张,开创了"阳明学派"。他的阳明心学对东亚各国有较大的影响。

王守仁

❸ 思想解放

王守仁反对把孔、孟的儒家思想看成一成不变的戒律,也反对盲目服从封建伦理道德,强调个人的主观能动性。他提出哲学命题"致良知"和方法论"知行合一",具有要求冲破封建思想禁锢、呼吁思想和个性解放的重要意义。

提问

王守仁开创了_____学派。
A 程朱　　B 阳明　　C 墨家

顾炎武

> 开创清学的大师是顾炎武,他研究当时郡国利病,对实际问题有贡献,同时奠立了考证学的基础。——曹伯韩

❶ "清初三先生"

顾炎武,初名绛,字宁人,明清之际思想家,与黄宗羲、王夫之合称"清初三先生",又与黄宗羲、王夫之、唐甄合称明末清初"四大启蒙思想家"。

❷ 天下兴亡,匹夫有责

顾炎武十分强调学以经世,反对明末空谈心性的风气,主张"天下兴亡,匹夫有责"。

顾炎武

❸ 开清代乾嘉汉学之先河

顾炎武在经学、文字音韵学以及历史地理学等领域都有造诣,开清代乾嘉汉学之先河。他曾为考究一个字的古音搜集了162个证据,这种精神非常难得。

提问

"清初三先生"不包括_____。
A 顾炎武　B 唐甄　C 王夫之

王夫之

> 顾炎武、王夫之、黄宗羲三人为明之遗老，入清，不仕，夫之且遁入深山。
> ——郑振铎

❶ 抗清思想家

王夫之，字而农，号姜斋，世称"船山先生"，明清之际著名思想家。明朝灭亡后，他在衡山起义，阻击清兵，失败后隐居深山，著书立说。

❷ 均天下、反专制

王夫之在哲学思想方面成果颇多。他强烈反对禁欲主义，主张"天理即在人欲之中"，提出"均天下、反专制"，还提出"理势合一"。

❸ 著述颇丰

王夫之著述颇丰，代表作有《周易外传》《尚书引义》《读四书大全说》《张子正蒙注》《思问录内外篇》等。

提问

王夫之字_____。
A 而农　　**B** 西农　　**C** 酉农

颜元

> 中国的哲学家之中,颜元可算是真正从农民阶级里出来的。他的思想是从乱离里经验出来的,从生活里阅历过来的。——胡适

❶ 清初思想家

颜元,字易直,又字浑然,号习斋,清初杰出的思想家、教育家,代表作有《四书正误》《四存编》《习斋记余》等。

❷ 颜李学派创始人

颜元是颜李学派的创始人之一。这是一个以"实文、实行、实体、实用"为主张的思想学派,曾对我国 17 世纪的传统思想进行强有力的抨击。

颜元

❸ 德育、智育、体育三者并重

颜元一生以教学为业。他在继承孔子教育思想的基础上,主张"习动""实学""习行""致用",认为德育、智育、体育三者并重,才能培养出文武兼备的经世致用之人。

提问

颜元号_____。
A 习斋　　**B** 素斋　　**C** 戒斋

戴震

> 戴震是徽州休宁人。少年时,曾从婺源江永受学;江永是经学大师,精通算学,又长于音韵之学,又研究程朱理学。
>
> —— 胡适

❶ 反对"存天理,灭人欲"

戴震,字东原,清朝思想家,皖派朴学的重要代表人物。他以唯物主义的理性观点,对义和理进行了全新的阐释,强烈抨击提倡"存天理,灭人欲"的程朱理学。

❷ 启蒙近代思想的先知

戴震提出的进步伦理思想,对梁启超、章太炎等近代思想家产生了启蒙和指导作用,对后世产生了深远的影响。

❸ 考据学集大成者

戴震博学多闻,除了在哲学方面深有造诣,还在天文、历史、地理、音韵、文字及数学等方面有所成就,特别是在考据学方面,他起到了重要的推动作用,是考据学集大成者。

提问

戴震字_____。
A 北原　　B 东原　　C 西原

神奇的天文历法

什么是尧典

中国天文学的研究开始得很早。《尚书·尧典》上有"三百有六旬有六日,以闰月定四时,成岁"的话。

——曹伯韩

❶ 最早的天文活动

《尧典》是《尚书》的篇目之一。《尧典》中关于观测日月星辰及制定历法的记载,是中国古代文献中记载的最早的天文活动及天文历法。

❷ 区分四季

尧在位初期,为了完善天文历法,派羲叔、和仲等人四处观察天象变化,确立了春分、夏至、秋分以及冬至。

❸ 尧定历法

尧以 366 天为 1 年,制定了当时的历法,并且每 3 年设置 1 个闰月,以此让历法与四季相协调。

提问

尧将 1 年定为 _____ 天。
A 365　　B 366　　C 355

什么是二十八宿

> 我国古时决定季节的变化，是用夜间观察星辰的方法，所认为标准的星辰，有"参""大火""北斗"等。到周初以至春秋中期，则采用"二十八宿法"。
>
> ——曹伯韩

❶ 二十八宿

二十八星宿是指分布于黄道、赤道带附近1周天的28个星官，是中国古代用以观测太阳、月亮、五星（水星、金星、火星、木星、土星）在星空中的运行状态及其他天象的相对标志。

❷ 四象

在天文学方面，四象是中国古代代表天空东、南、西、北4个区域星象的4组动物，即东龙、南鸟、西虎、北龟蛇（玄武）。

❸ 最古老的记载

"二十八宿"和"四象"这两个概念出现得很早，目前发现得最早的关于二十八宿和四象的完整记载，出现在战国时期的曾侯乙墓出土的彩绘二十八星宿图衣箱盖上。

提问

古人所说的"五星"不包括_____。
Ⓐ 水星　　Ⓑ 金星　　Ⓒ 天王星

什么是年次纪年法

❶ 年次纪年法

年次纪年法即根据君主在位的时间来纪年,春秋战国时期多使用这种纪年方法。《史记》中常用这样的纪年方式,例如"赵孝成王十九年",指的是赵孝成王在位的第19年。

❷ 商周时期就已出现

从商周时期的文物上的文字可见,那时的人用商王与周王的在位年数来记录年次,说明商周时期年次纪年法就已出现。

❸ 同年不同名

春秋战国时期,由于多个诸侯国并存,当时的年次纪年也出现了许多同年不同名的现象,例如"周平王四十一年"和"鲁惠公三十九年"都是指公元前730年。

提问

公元前730年被称作_____。
A 周平王四十一年　　**B** 鲁惠公三十九年　　**C** 以上都是

想一想

齐桓公在位的第14年用年次纪年法应该怎样表示?

什么是年号纪年法

❶ 年号纪年法

年号是中国古代帝王用来纪年的名号。例如"建武元年","建武"是汉光武帝刘秀设立的第一个年号,"元年"指帝王即位的第一年。

❷ 始于汉武帝

年号纪年法始于汉武帝时期。当时,一个帝王在位期间会有多个不同的年号。但到了明清时期,一个皇帝在位期间大多只有一个年号。

❸ 随清朝灭亡而废止

1912年,清王朝彻底灭亡,封建君主制度被彻底推翻,年号纪年法也随之废止了。

"太平"是历史上用过8次的年号。

提问

"建武"指的是汉光武帝刘秀的_____。
Ⓐ 小名　　Ⓑ 年纪　　Ⓒ 年号

什么是干支纪年法

① 干支纪年

干支纪年法是我国自上古以来一直沿用的纪年法，以60年为一个纪年周期。干支是天干和地支的统称。

② 天干地支

十天干指的是甲、乙、丙、丁、戊、己、庚、辛、壬、癸。十二地支指的是子、丑、寅、卯、辰、巳、午、未、申、酉、戌、亥。

③ 组合纪年

天干和地支按固定的顺序配合，就是干支纪年法。天干和地支一共能形成60种组合，这就是干支纪年法以60年为周期的原因。

1	2	3	4	5	6	7	8	9	10
甲子	乙丑	丙寅	丁卯	戊辰	己巳	庚午	辛未	壬申	癸酉
11	12	13	14	15	16	17	18	19	20
甲戌	乙亥	丙子	丁丑	戊寅	己卯	庚辰	辛巳	壬午	癸未
21	22	23	24	25	26	27	28	29	30
甲申	乙酉	丙戌	丁亥	戊子	己丑	庚寅	辛卯	壬辰	癸巳
31	32	33	34	35	36	37	38	39	40
甲午	乙未	丙申	丁酉	戊戌	己亥	庚子	辛丑	壬寅	癸卯
41	42	43	44	45	46	47	48	49	50
甲辰	乙巳	丙午	丁未	戊申	己酉	庚戌	辛亥	壬子	癸丑
51	52	53	54	55	56	57	58	59	60
甲寅	乙卯	丙辰	丁巳	戊午	己未	庚申	辛酉	壬戌	癸亥

天干地支

提问

干支纪年法以_____年为一个纪年周期。
A 60　　**B** 80　　**C** 100

五花八门的纪月法

❶ 地支纪月法

地支纪月法以 12 个月为一个周期，将十二地支和 12 个月相互对应，并在每个地支前加上特定的"建"字，例如"建子月""建亥月"。

❷ 农历时节纪月法

即利用四季或节气物候给月份命名，通常有两种方法：第一种是用孟、仲、季来代称每个季节的 3 个月，例如春季的 3 个月分别是孟春、仲春和季春；第二种是用文学化的说法来代称月份，多以当月有代表性的植物代称，例如二月可以代称为"杏月"，三月代称为"桃月"。

❸ 序数纪月法

这是最简单的纪月法，一直沿用至今，即用数字 1～12 来指代月份。

提问

地支纪月法以_____个月为一周期。
Ⓐ 3　　Ⓑ 6　　Ⓒ 12

想一想

孟夏和季秋分别是指几月？

五花八门的纪时法

❶ 天色纪时法

天色纪时法是指古人根据天色的变化，将一天划分成12个时辰，分别是夜半、鸡鸣、平旦、日出、食时、隅中、日中、日昳、晡时、日入、黄昏、人定。

❷ 地支纪时法

地支纪时法指的是用十二地支来对应表示一天的12个时辰，分别是子时、丑时、寅时、卯时、辰时、巳时、午时、未时、申时、酉时、戌时、亥时。

❸ 二十四时纪时法

这是现在最普遍使用的纪时法，将一天划分成24小时，分别用阿拉伯数字 1 ~ 24 来表示。

提问

下面不属于天色纪时法的是_____。
A 隅中　　**B** 鸡鸣　　**C** 未时

想一想

下午2点用天色纪时法和地支纪时法该怎么表示？

神奇的二十四节气

❶ 二十四节气

二十四节气是指一年中地球绕太阳运行到 24 个固定位置上的日期，包括立春、雨水、惊蛰、春分、清明、谷雨、立夏、小满、芒种、夏至、小暑、大暑、立秋、处暑、白露、秋分、寒露、霜降、立冬、小雪、大雪、冬至、小寒、大寒。

❷ 农耕文明的产物

二十四节气是我国古代农耕文明的产物，也是古代劳动人民顺应天时、观察天时及气候变化等规律而获得的知识。

❸ 中国的第五大发明

二十四节气被誉为"中国的第五大发明"。2016 年，二十四节气被正式列入联合国教科文组织人类非物质文化遗产代表作名录。

提问

二十四节气是_____文明的产物。
A 农耕　　**B** 商业　　**C** 手工业

背一背

二十四节气歌

春雨惊春清谷天，夏满芒夏暑相连。秋处露秋寒霜降，冬雪雪冬小大寒。

神奇的七十二候

❶ 七十二候的含义

七十二候以黄河流域的气候、地理及自然界的一些景象等为基础编成，用于指导古代的农事活动。五日为候，三候为气，六气为时，四时为年，一年共七十二候。

鸿雁来

❷ 有趣的"候应"

七十二候中的每个候都与一个物候现象相对应，这就是"候应"。候应有两类：一类是生物候，如蝼蝈鸣、王瓜生、苦菜秀等；另一类是非生物候，如温风至、地始冻等。

❸ 出自《逸周书》

七十二候的完整记载见于公元前二世纪的《逸周书·时训》。七十二候对我国古代的农事活动的确有一定的作用。

> **提问**
>
> 七十二候以____日为候。
> A 三　　B 五　　C 七

> **背一背**
>
> 立春正月春气动，东风能凝解寒冻；土底蛰虫始振摇，鱼陟（zhì）负冰相戏泳。

神奇的圭表

❶ 什么是圭表

圭表是一种古老的测量日影长短的工具。它是一种计时仪器,由一根垂直立于地面的标杆和一把朝南北方向平放的尺组成。标杆叫作"表",平放的尺叫作"圭"。

❷ 确定夏至与冬至

古人很早就发现夏至那天正午表影最短,冬至那天最长,他们将这两天称为"至日"。古人就是根据正午时分表影的长短来确立至日和节气的。

❸ 现存最早的圭表

1977年在安徽阜阳西汉汝阴侯夏侯灶墓中出土的西汉时期的圭表,是我国现存最早的圭表。

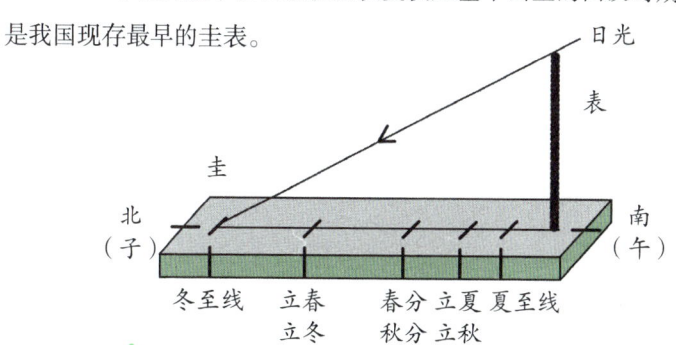

提问

圭表是用来测量_____长短的工具。
A 日影　　B 月影　　C 阴影

神奇的日晷

❶ 什么是日晷

日晷（guǐ）是由圭表演变而来的。古人用日晷来测定时刻。我国传统的日晷是赤道式日晷，即将一根指针装在一个石制圆盘的中心，指针垂直于圆盘，圆盘装在一个石台上，南高北低，使其平行于赤道面。

❷ 日晷的分类

除了赤道式日晷，按照晷面放置的位置，可以分为地平式日晷、立式日晷等。故宫里的很多地方都放着赤道式日晷。

日晷

❸ 我国最早的文献记载

我国关于日晷的最早的文献记载出现在《隋书·天文志》上。

> **提问**
>
> 赤道式日晷的圆盘应该_____。
> A 北高南低　　B 南高北低　　C 南北一样高

神奇的铜壶滴漏

❶ 什么是漏壶

漏壶是我国古代的一种计时器。最早的漏壶，是一个带提梁的壶，壶底开一个小孔，然后在壶中放置一根带刻度的箭杆。随着壶内水的减少，水面会指向相应的刻度，帮助人们计时。

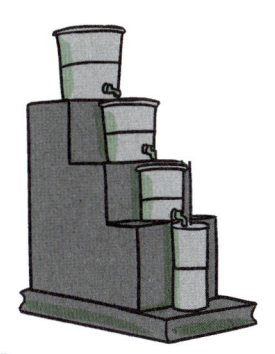

❷ 重要军备

关于漏壶的最早记载出现在《周礼·夏官司马》中："挈壶氏掌挈壶以令军井。"这句话的意思是挈壶氏（掌管漏壶的官员）悬挂水壶，当作指引士兵们汲水的标志。从这一点看出，从周朝开始，漏壶就在战争中发挥了极大的作用。

❸ 铜壶滴漏

"铜壶滴漏"这个词出自唐朝诗人温庭筠的《鸡鸣埭曲》："铜壶漏断梦初觉，宝马尘高人未知。"这句诗的意思是：漏壶里的水逐渐流光，臣子们从梦中醒来，准备上朝；但他们还不知道，马群正急奔在去田猎的路上，将尘土踢得很高。

> **提问**
>
> 漏壶是用来_____的。
> Ⓐ 计时　　Ⓑ 储水　　Ⓒ 引水

神奇的《太初历》

> 虽然历史无完整的记载，历史学家仍有推求之法。那便是据断片的记载，涉及天地现象的，用历法推算。……其中较为通行的，一为《汉书·律历志》所载刘歆之所推算，一为宋朝邵雍之所推算。
>
> ——吕思勉

❶ 什么是《太初历》

《太初历》是一种古代历法，它将汉武帝时期元封七年定为太初元年，并将十二月末定为太初历的末尾，此后的每一年均由孟春正月开始，到冬季十二月结束。这是中国历法发展史上的首次重大变革。

❷ 沿用至今

《太初历》根据古人观测到的天象和累积的天文资料，规定历月等于 29.53086 天，历年等于 365.25016 天，以正月为年首。

❸ 从《太初历》到《三统历》

《太初历》原著已经失传。西汉晚期，刘歆根据太初历的资料，整理出《三统历》，收入《汉书·律历志》，流传至今。

提问

《太初历》以_____为年首。
A 正月　　B 三月　　C 五月

神奇的《大明历》

❶ 什么是《大明历》

《大明历》是南北朝时期著名的科学家祖冲之创制的历法，也被称为"甲子元历"。

❷ 引入"岁差"概念

《大明历》中首次引入了"岁差"这个概念，使历法变得更加精确。岁差是指春分点沿黄道向西缓慢地移动，导致回归年比恒星年短的现象。

❸ 算出交点月

祖冲之在《大明历》中首次算出了交点月的长度，即 27.212223 天。这一数值与我国现代测出的交点月长度（27.21222 天）很接近。

祖冲之

提问

《大明历》是我国南北朝著名科学家_____创制的。
A 徐光启　　B 祖冲之　　C 刘徽

小知识

交点月是指月球在绕地球运转的轨道上，连续两次通过白道和黄道的同一交点所经历的时间。

神奇的《授时历》

❶ 《授时历》的由来

《授时历》是由许衡、王恂、郭守敬等创制的一种历法，于1281年施行。

❷ 精确度极高

《授时历》以365.2425日为一年，这一数值和现代测算的结果很接近，与《格里高利历》（即现在的公元纪年法）中的数值也很接近，精确度极高，且比西方早采用300多年。

❸ 享誉海外

《授时历》在我国沿用了300多年，对我国天文学的发展产生了重大影响。朝鲜、越南都曾采用过《授时历》。

郭守敬

提问

《授时历》以_____日为一年。
A 365.2422　　B 365.2425　　C 365.2426

了不起的伟大发明

第246天　了不起的伟大发明

神奇的指南针

> 指南针，世界公认是中国人发明的。
>
> ——吕思勉

❶ 司南

早在战国时期，我国人民就发现磁铁具有指极性，并据此发明了可以指示方向的司南，这就是指南针的雏形。司南算得上是世界上最早的用于指示方向的器具。

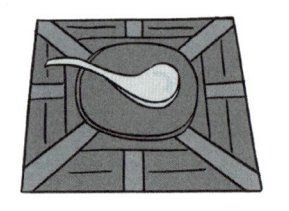

❷ 人造磁铁的诞生

由于天然磁铁的磁性很容易消失，所以当时用天然磁铁制作的司南指示方向并不是很准确。我国古人经过长期的研究与实践，最终于北宋时期发明了人造磁铁，并用来指示南北方向。

❸ 罗盘

罗盘是一种航海用的指南针，由带方向刻度的圆盘和能指示方向的磁针组成。北宋时期，罗盘从中国传至欧洲，推动了人类文明的发展。

提问

_____时期，罗盘从中国传至欧洲。
A 南宋　　B 西汉　　C 北宋

神奇的造纸术

> 东汉时蔡伦因缣贵简重,不便于人,乃发明用树皮麻头破布造纸,书籍于是比从前轻便而价廉。
> ——曹伯韩

❶ 蔡伦改进造纸术

东汉时期,蔡伦改进西汉时期的造纸术,用树皮、破布、旧渔网等材料造纸,并于105年将造纸的方法连同纸张呈献皇帝,最终得以向民间推广。

蔡伦

❷ 古代造纸的方法

在竹子浸泡在水中,使纤维吸饱水,然后将浸透的竹子捣碎,熬煮成纸浆。接着用平板式竹帘将纸浆捞起,过滤水分,形成纸膜。再将纸膜叠好,在上面摆上平整的木板,施加重压,压出水分。最后待纸膜压到半干,放在炉火旁烤干,就能得到纸张。

❸ 五花八门的纸

造纸术出现后,古人不断探索创新,创造出很多不同的纸张。例如薄而韧、质地精良的剡藤纸,用芙蓉花汁制成的具有特殊质感的薛涛笺,还有用靛蓝染成的颜色与青花瓷相似的瓷青纸。

提问

东汉时期,_____改进了造纸术。
A 华佗　　B 蔡伦　　C 祖冲之

神奇的印刷术

> 在世界文化史上，有若干重要发明都是中国人在先或完全是中国人的功绩，如陶瓷制造、养蚕缫丝、拱形建筑、火药、罗盘、纸、活字印刷等。
> ——曹伯韩

❶ 雕版印刷术

早在唐朝，我国人民就发明了雕版印刷术，即在版料上雕刻图文，然后进行印刷的技术。

❷ 活字印刷术

北宋时期，毕昇发明了活字印刷术，即先制作好单字模板，然后按照书籍内容排列单字，再涂墨进行印刷的技术。

❸ 世界首创

毕昇是世界上最早发明活字印刷术的人，比德国人约翰内斯·谷登堡发明的铅活字印刷术早400多年。

毕昇

提问

活字印刷术是_____人毕昇发明的。
A 北宋　　B 南宋　　C 唐朝

神奇的火药

> 自然科学方面，除印刷术外，罗盘针及火药的发明，也在宋代。——曹伯韩

❶ 始于春秋

火药是一种能够剧烈燃烧并释放大量气体和热量的药剂，属于炸药。根据《范子计然》的记载，早在春秋时期，我国民间就已经广泛应用火药了。

❷ 发机飞火

唐朝末年，火药被用于战争。根据《九国志》的记载，904年，郑璠在攻打豫章（今江西南昌）时，曾使用"发机飞火"这种火药兵器。

❸ 幻术表演

宋朝，火药的使用已经十分广泛，杂技表演、木偶戏表演经常会用到火药。当时的人还惯用火药表演幻术，例如用火药制造大量烟雾，趁机调换物品，制造离奇、迷幻的效果。

提问

早在_____时期，我国民间已经广泛应用火药。
A 春秋　　B 战国　　C 西汉

神奇的圆周率

> 我国圆周率发明很早，前汉末年刘歆即使用过，经过后汉的张衡，魏的刘徽，到南齐祖冲之，乃定圆径比圆周为 113∶355，圆周率在 3.1415926 与 3.1415927 之间，这是五世纪时世界最精密的圆周率。
>
> ——曹伯韩

❶ 割圆术

魏晋时期，著名数学家刘徽就对圆周率展开了研究。他首创割圆术，即通过不断倍增圆内接正多边形的边数来计算圆周率的方法。

❷ 祖冲之精算圆周率

南北朝时期，数学家祖冲之在割圆术的基础上，对圆周率进行精算，最终成功将圆周率精确到小数点后七位，即介于 3.1415926 和 3.1415927 之间。

祖冲之

❸ 领先世界近千年

没有计算机和算盘的帮助，祖冲之用算筹来计算圆周率，需要付出很多心血。在祖冲之的努力下，此后近千年，没有人算出精确度更高的结果。直到 15 世纪，阿拉伯数学家阿尔·卡西才打破了这一纪录。

提问

祖冲之将圆周率的数值精确到小数点后_____位。
A 五　　B 六　　C 七

神奇的丝绸

> 在气候炎热、植物茂盛的地方，则食草木之实。衣的原料麻、丝，该也是这种地方发明的。——吕思勉

❶ 嫘祖缫丝

传说黄帝打败蚩尤后，让嫘祖向世人传授养蚕缫丝的技术。在嫘祖的指导下，人们掌握了养蚕缫丝的技术，开始大规模地种植桑树。

嫘祖

❷ 四大名锦

丝绸制品种类繁多，其中最有名的四种是云锦、壮锦、蜀锦和宋锦。云锦产自南京，因色泽鲜亮，就像天上的云彩一样而得名；壮锦是广西壮族自治区的传统织品；蜀锦是四川成都产的特色锦缎的通称；宋锦产自苏州，色泽华丽，图案精致。

❸ 丝绸之路

西汉时期，随着张骞出使西域，东方与西方之间以丝绸制品为主要贸易对象的商业通道被打通，这就是"丝绸之路"。

提问

四大名锦不包括_____。
A 云锦　　B 蜀锦　　C 湘绣

神奇的瓷器

> 宋代瓷器、织锦、印刷、制纸等工业都超过了过去时代的水平。——林徽因

❶ 什么是瓷器

瓷器是用长石、石英、高岭土等材料制成，表面饰有彩绘或釉色的工艺品。

❷ 瓷器的故乡

中国是瓷器的故乡，早在商朝，中国人民就开始烧制瓷器了。不过，由于当时的烧制工艺不够成熟，那时的瓷器被称作"原始瓷器"。

❸ 瓷器的发展

宋朝，我国瓷器制造业迎来了发展的繁荣期，涌现出汝窑、官窑、哥窑、钧窑和定窑等著名瓷窑。元朝，青花瓷发展成熟，走向兴盛。明朝以后，景德镇成为瓷业中心。

提问

明朝以后，_____成为瓷业中心。
Ⓐ 景德镇　　Ⓑ 德化　　Ⓒ 潮州

了不起的伟大发明

神奇的漆器

> 六朝尤其唐宋以来的书画,五代以来的瓷器,宋明以下的木刻,明以来的漆器、篆刻及器物雕刻、织物刺绣等,其中都有举世赞美的艺术品。
>
> ——曹伯韩

❶ 什么是漆器

漆器指的是表面涂漆的日常器具、工艺品以及美术品等。在器物表面涂漆不但可以让它们变得更加美观,还能起到保护作用,让它们更加耐用。

❷ 始于新石器时代

漆器是中国古代重要的发明,早在新石器时代就已出现。自那时起,中国人掌握了漆的特性,并用来制作器物。

❸ 漆器的发展

明清时期,漆器文化十分繁荣。那时的漆器不仅有丰富多彩的器具与工艺品,还出现了舟车、建筑等新品类。漆器甚至得到了皇家的推荐。清朝中期以后,漆器文化逐渐衰落。

提问

早在_____时代,中国人就掌握了漆的特性。
A 旧石器 B 新石器 C 中石器

神奇的酿酒技术

> 《明堂位》说："夏后氏尚明水，殷人尚醴，周人尚酒。"凡祭祀所尚，都是现行的东西，前一时期的东西。据此，则酿酒的发明，还在夏后氏之先。
>
> —— 吕思勉

❶ 酿酒的起源

关于中国人何时掌握了酿酒技术，历来说法不一，其中最普遍的说法是：中国人在大禹时期便掌握了谷物酿酒的技术。

❷ 发现红曲

秦汉以后，酿酒业成为我国传统手工业的重要组成部分。宋朝，中国人在酿酒的过程中发现了红曲。红曲的发现和应用是宋代制曲酿酒工艺的重大发展。

❸ 丰富的品种

中国的酿酒业十分发达，酒的品种数不胜数，其中不乏一些驰名中外的名酒，例如贵州茅台酒、绍兴黄酒、山西汾酒以及绵竹大曲酒等。

提问

宋朝，中国人在酿酒的过程中发现了_____。
A 红曲　　B 黄曲　　C 黑曲

第255天 了不起的伟大发明

月 日

神奇的饴糖

❶ 源于酿酒

中国是最早开始制糖的国家。古代的中国人在酿酒的时候发现了饴糖。《诗经·大雅·绵》中有"堇荼如饴"这样的描述。

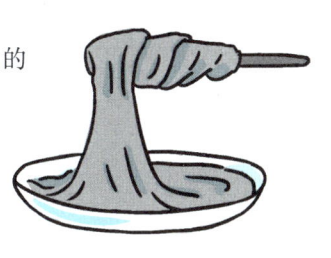

❷ 什么是饴糖

饴糖是用玉米、小麦、大麦、粟或玉米等原料发酵糖化制成的糖，也叫麦芽糖。

就算饴糖对身体好，也不能多吃！

❸ 传统中药

饴糖还是一种传统中药，《名医别录》中记载："饴糖，味甘，微温。主补虚乏，止渴，去血。"古医书《伤寒论》中也记载了使用饴糖的药方。

提问

饴糖是在_____的时候发现的。
A 酿酒　　B 制药　　C 印刷

读一读

《诗经·大雅·绵》（节选）

周原膴膴，堇荼如饴。爰始爰谋，爰契我龟，曰止曰时，筑室于兹。

神奇的风筝

❶ 历史悠久

风筝的起源可以追溯到春秋时期。据说墨翟花了 3 年时间用木头制成了一只木鸟，那就是风筝的原型。后来，鲁班用竹子改进了材质。

❷ 纸鸢出现

东汉时期，蔡伦改进了造纸术，人们开始用纸制作风筝，称为"纸鸢"，风筝逐渐流行起来。到了宋朝，风筝走入寻常百姓家，成为一种很受欢迎的娱乐项目。

❸ 通信工具

南北朝时期，风筝成为传递信息的重要工具。《独异志》记载，548 年，侯景起兵叛乱，围攻台城，导致内外联系中断。城内的人通过放飞风筝，向城外求救。

提问

风筝的起源可以追溯到_____时期。
A 春秋　　B 战国　　C 南北朝

第257天 了不起的伟大发明　　月　日

神奇的珠算

> 我国很早发明的算木计算法，一直沿用到元代。……这种器械的代数学，到明代已不能再发展，于是算盘代替了算木的地位而普及起来。
>
> ——曹伯韩

❶ 什么是珠算

珠算是用算盘进行计算的方法，由"筹算"演变而来。属于国家非物质文化遗产之一。

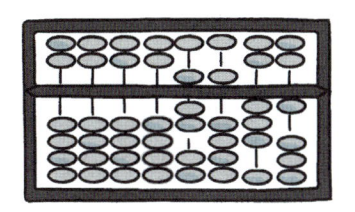

❷ 珠算的历史

珠算的起源可以追溯到汉朝。"珠算"这个词最早出现在汉朝徐岳所写的《数术记遗》中。珠算在宋朝逐渐发展成熟，并在元明时期得到进一步发展。从清朝开始，珠算在全国广泛传播。进入信息时代后，珠算走向衰落。

❸ 算盘的来历

古代的人最早是用珠子来算数的。他们将珠子放在盘中，表示要加上的数目；取出盘中的珠子，表示要减去的数目。但圆滚滚的珠子很容易滚动，计算很不方便。于是，他们用绳子把珠子串联起来，做成计算工具，这就是算盘的原型。

提问

珠算起源于_____。
A 汉朝　　**B** 宋朝　　**C** 清朝

神奇的车船

❶ 什么是车船

车船是轮船的"祖先"。车船的设计很独特,是在船两侧安装轮子,并在船身内部放置一根中轴。中轴上装有多个踏板,由多人同时踩踏,使船能够在没有桨的情况下快速行进。

❷ 车船的历史

关于车船的记载最早出现在南北朝时期。唐朝,李皋改进了车船,对车船的发展起到了极大的推动作用。宋朝,车船发展得如火如荼,王彦恢在车船的基础上制造出战舰。

❸ 军事利器

古代的车船主要应用于军事领域。在1161年的采石之战中,金军试图渡江前行,却遭到宋军车船的阻击,这些车船行动迅速,大败金军。襄阳之战时,南宋军队也使用了车船作战。明初,陈友谅曾在鄱阳湖上使用车船进行水战。

提问

古代车船的主要用途是_____。
A 运输　　**B** 作战　　**C** 娱乐

神奇的地动仪

> 张衡曾创制浑天仪,又创地动仪以测地震。 ——曹伯韩

❶ 世界上第一架地震仪

东汉时期,地震频发,科学家张衡决定制造一种能预测地震的仪器。经过多年的努力,他发明了地动仪,这是世界上第一架地震仪。

❷ 工作原理

地动仪共有八个方位,分别是东、南、西、北、东南、西南、东北以及西北,每个方位都有一个口含铜丸的龙头,每个龙头的正下方都有一只张着嘴的铜蟾蜍。哪个方位发生地震,对应方位的龙头口中的铜丸就会掉进下方的铜蟾蜍口中。

❸ 历史意义

地动仪是中国古代科学技术的杰出代表之一,它的作用不仅包括观测地震,还包括揭示自然规律、推动科学技术发展。地动仪的发明,对中国古代科学技术的发展和促进地震研究的进步都具有重要意义。

提问

地动仪共有_____个方位。
A 四　　B 八　　C 十

了不起的文物

陶鹰鼎

> 仰韶文化是中国先民所创造的重要文化之一,考古家推断为黄帝族的文化,比羌、夷、苗、黎等族有更高的成就,距今约有四五千年。
> ——林徽因

❶ 仰韶文化陶器

陶鹰鼎又被称作新石器时代陶鹰鼎,属于仰韶文化陶器,于1957年在陕西省华县太平庄的一座墓葬中出土,如今被收藏在中国国家博物馆。

陶鹰鼎

❷ 造型独特

陶鹰鼎高35.8厘米,口径为23.3厘米,最大腹径32厘米,整体造型像一只伫立的雄鹰,是动物造型与器物制作完美结合的杰作。

❸ 寓意深远

陶鹰鼎是以动物形象为原型制作的,与它一同出土的还有一些骨匕、石斧等,都是当时用来进行祭祀活动的器物。陶鹰鼎一方面体现了古人所处的生活环境,另一方面反映了古人图腾崇拜的观念。

提问

陶鹰鼎属于_____文化文物。
A 仰韶　　B 半坡　　C 河姆渡

贾湖骨笛

❶ 最古老的乐器

贾湖骨笛距今约有 7800～9000 年，是中国出土的最早的乐器，出土于河南省舞阳县贾湖遗址。

❷ 结构独特

贾湖骨笛由鹤的尺骨精细磨制而成。笛身共有 7 个孔，在第六个孔和第七个孔之间有一个小孔，专门用来调节第七个孔的音。

❸ 雌雄笛

和贾湖骨笛一同出土的还有另一根与其形制相似的骨笛，两根笛子的音高相差一个半音，证明我国自古就有雌雄笛传统。

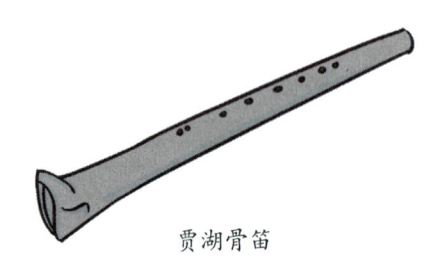

贾湖骨笛

提问

贾湖骨笛共有 _____ 个孔。
A 5　　B 6　　C 7

小知识

贾湖遗址是迄今所知淮河流域年代最早的新石器文化遗址。

后母戊鼎

> 殷周青铜器如钟鼎盘盂之类以及铜制的兵器如戈戟之类，又足以证明当时是青铜器时代。——曹伯韩

❶ 商朝的青铜器

后母戊鼎又称司母戊鼎、司母戊大方鼎，是铸造于商朝后期的青铜器，于1939年在河南省安阳市武官村出土，现藏于中国国家博物馆。

❷ 形制巨大

后母戊鼎高133厘米，重量达832.84千克，整体形制巨大，看起来十分壮观。鼎身铸有饕餮纹、盘龙纹等纹饰，使得整个鼎更具凝重感。

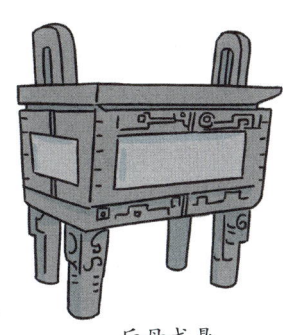

后母戊鼎

❸ 发达青铜工艺的印证

后母戊鼎是目前已知的中国古代最重的青铜器。它的存在，证明中国商朝的青铜铸造工艺高度发达。

提问

后母戊鼎是商朝_____的青铜器。
A 前期　　B 中期　　C 后期

曾侯乙编钟

❶ 礼乐重器

曾侯乙编钟诞生于战国早期,是一套大型礼乐重器,于1978年在湖北省随县(今随州市)擂鼓墩曾侯乙墓出土,现藏于湖北省博物馆。

❷ 制作工艺复杂

曾侯乙编钟全套共65件,其中最大的钟高152.3厘米。曾侯乙编钟采用了浑铸、分铸、铜焊、铸镶、错金等铸造工艺,钟身通过圆雕、浮雕等装饰技法铸刻了纹饰。

❸ 历史意义

曾侯乙编钟是迄今出土的规模最大的编钟,每件钟都能发双音,总音域达5个八度,半音齐全,是研究战国时期音律体系的重要资料。

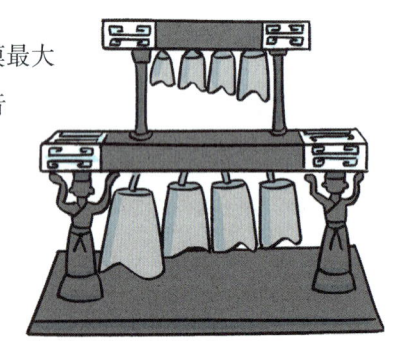

曾侯乙编钟

提问

曾侯乙编钟全套共_____件。
A 65　　B 66　　C 67

越王勾践剑

❶ 越王勾践的剑

越王勾践剑是春秋晚期的青铜器,于 1965 年在湖北江陵(今荆州市)望山楚墓群出土,曾是越王勾践使用的剑,现藏于湖北省博物馆。

❷ "天下第一剑"

越王勾践剑被誉为"天下第一剑",剑身长 55.7 厘米,剑宽 4.6 厘米,柄长 8.4 厘米,剑身上刻着分布规则的黑色菱形暗纹,剑格正面镶嵌着蓝色琉璃,背面镶嵌着绿松石。

❸ 越王勾践

越王勾践是春秋时期的越国君主,被吴王夫差打败后,他卧薪尝胆,最终一雪前耻,是中国历史上一个极负盛名的励志人物。

越王勾践剑

提问

越王勾践剑是春秋_____的青铜器。
A 早期　　B 中期　　C 晚期

青铜神树

❶ 古蜀文明的代表

1986年,考古人员在四川省三星堆遗址发现了两个商代祭祀坑,从中出土了大量的青铜器,青铜神树就是其中之一。青铜神树是古蜀文明的代表,现藏于三星堆博物馆。

❷ 最大的单件青铜文物

青铜神树共有8棵,其中一棵高达396厘米,被命名为"一号神树",是迄今世界上已发现的最大的单件青铜文物。

❸ 人神互通的写照

青铜神树不仅体现了古蜀时期先进的青铜铸造工艺,还是古蜀人民人神互通意识的具象化——高耸的青铜神树应该是传说中的扶桑树。

青铜神树

提问

青铜神树一共出土了_____棵。
Ⓐ 8　　Ⓑ 9　　Ⓒ 10

第266天　了·不·起·的·文·物　　月　日

长信宫灯

❶ 名字的来源

长信宫灯是一件汉朝的青铜器，于1968年在河北省满城县中山靖王刘胜的妻子窦绾的墓中出土。由于曾摆放在刘胜的祖母窦太后的长信宫中，且宫灯上有铭文"长信"二字，因此得名"长信宫灯"。

❷ 华丽的鎏金

长信宫灯高48厘米，整体造型是一个跪坐的宫女执灯的样子。长信宫灯通体鎏金，十分华丽。

❸ 环保理念

与其他青铜器不同，长信宫灯不仅有很强的实用性，还具备一定的环保理念——点灯时产生的烟雾会顺着宫女的袖子进入其中空的身体，避免空气污染。

长信宫灯

提问

长信宫灯出土于_____的墓中。
Ⓐ 刘胜　　Ⓑ 窦太后　　Ⓒ 窦绾

击鼓说唱俑

❶ 国家一级文物

击鼓说唱俑是东汉时期的陶器，于1957年在四川省成都市天回山东汉崖墓出土，现藏于中国国家博物馆，是国家一级文物。

❷ 神态诙谐

击鼓说唱俑是用泥质灰陶制成的，俑高56厘米，整体造型为左手抱鼓、右手拿鼓槌，头戴头巾，赤足蹲坐，神态诙谐、活灵活现，极具美感。

❸ "汉代第一俑"

击鼓说唱俑兼具民间与地方风貌，以贴近生活的表现手法展现了东汉说唱俑的风采，被誉为"汉代第一俑"。

击鼓说唱俑

> **提问**
>
> 击鼓说唱俑右手拿着_____。
> Ⓐ 鼓　　Ⓑ 鼓槌　　Ⓒ 扇子

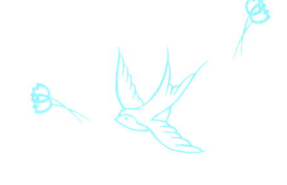

四羊方尊

❶ 祭祀用品

四羊方尊于1938年在湖南省宁乡县出土，是商朝晚期的青铜礼器，主要用于祭祀，现藏于中国国家博物馆，是十大传世国宝之一。

❷ 现存最大的商朝青铜方尊

四羊方尊高58.3厘米，重34.5千克，是我国现存的商朝青铜方尊中最大的一件。

❸ 巧夺天工的铸造工艺

四羊方尊整体采用块范法铸造而成，4只羊的角、面、颈的刻画惟妙惟肖、精美绝伦，体现了商朝高超的青铜铸造工艺，被称为"臻于极致的青铜典范"。

四羊方尊

提问

四羊方尊是_____晚期的青铜礼器。
A 夏朝　　B 商朝　　C 周朝

鎏金银壶

❶ 波斯珍品

鎏金银壶是波斯萨珊王朝的金属手工艺品，于 1983 年在宁夏回族自治区固原市南郊乡深沟村李贤夫妇合葬墓出土，现藏于固原博物馆。

❷ 异域风情

鎏金银壶高 37.5 厘米，重 1.5 千克，壶身铸有 6 幅人像，描绘的是古希腊神话故事里的情节，具有异域风情。

❸ 丝绸之路

鎏金银壶之所以能从遥远的波斯萨珊王朝来到中国，主要是因为古代丝绸之路繁荣发展，而且固原正好位于丝绸之路的要冲。鎏金银壶承载着古代文明交流与丝绸之路的记忆。

鎏金银壶

提问

鎏金银壶上铸有_____幅人像。
A 3　　B 5　　C 6

千里江山图

❶ 传世名画

《千里江山图》是北宋画家王希孟的作品,描绘的是庐山和鄱阳湖的景色,是中国十大传世名画之一。

❷ 青绿山水的里程碑

《千里江山图》的用色以青绿色为主,通过长卷的形式展现了群山起伏、江河浩渺的壮阔之景,是青绿山水绘画史上的里程碑之作。

❸ 人与自然和谐共存的主题

《千里江山图》展示了一种最理想的人居环境——人与自然和谐共存,也就是中国古人提倡的"天人合一"。

《千里江山图》(局部)

提问

《千里江山图》是_____画家王希孟的作品。
A 南宋　　B 北宋　　C 唐朝

秦始皇帝陵铜车马

❶ 秦始皇帝陵陪葬品

秦始皇帝陵铜车马于1978年在陕西省西安市临潼区秦始皇帝陵封土西侧出土，是秦始皇的陪葬青铜车马，国家一级文物，现藏于秦始皇帝陵博物院。

❷ 古代车马之最

秦始皇帝陵铜车马共有两辆车，都是按照古代单辕双轮车的规制打造的，是我国出土的结构最复杂、规格最大的古代车马。

秦始皇帝陵铜车马一号车

❸ "青铜之冠"

秦始皇帝陵铜车马是按真人、真马、真车的1/2比例制造的。人物、马匹生动传神，铜车、马饰精美华丽。如此精湛且细致的制作工艺，让秦始皇帝陵铜车马被称赞为"青铜之冠"。

> **提问**
>
> 秦始皇帝陵铜车马共有_____辆车。
> Ⓐ 一　　Ⓑ 两　　Ⓒ 三

熹平石经

❶ 刻碑缘由

东汉时期,著名的学者、书法家蔡邕向灵帝提出建议,将官方审定的儒家经典刻在石碑上,置于洛阳太学门前,当作校勘抄本的标准。于是灵帝命人刻下《鲁诗》《尚书》《周易》《春秋》《公羊传》《仪礼》《论语》七经,共46块碑。

❷ 最早的石经

熹平石经是中国历史上刊刻最早的石经,也是中国历史上最早的官定儒家经本。共20多万字,用隶书刻成,又称"一体石经"。后因战乱被毁,残碑现主要藏于西安碑林博物馆,部分藏于洛阳博物馆及北京图书馆。

❸ 文化瑰宝

熹平石经规模庞大、气势恢宏,是古人留下的文化瑰宝。同时,熹平石经为人们校勘抄本、规范文字提供了标准,对后世的大规模刻碑有一定的启发作用。

提问

熹平石经始刻于_____时期。
A 东汉　　B 西汉　　C 南北朝

铜奔马

❶ 马踏飞燕

铜奔马，汉晋时期青铜雕塑，又被称作"马踏飞燕""马超龙雀"，于1969年在甘肃省武威市雷台晋墓出土。现藏于甘肃省博物馆，是该馆的镇馆之宝。

❷ 国宝级文物

铜奔马高34.5厘米，整体造型是一只昂首嘶鸣、奋力疾驰的骏马，展现了中华民族勇往直前的豪情，是一件国宝级文物。

❸ 平衡原理

铜奔马3只马蹄腾空，剩下的那只马蹄即将越过飞鸟，飞鸟察觉后惊恐地回头看。整座雕塑的着力点仅落在一只马蹄上，体现了对平衡原理的巧妙运用，展现了古代精湛的青铜铸造工艺。

铜奔马

提问

铜奔马有_____只马蹄是腾空的。
A 2   B 2   C 3

清明上河图

❶ 十大传世名画之一

《清明上河图》是北宋画家张择端的传世之作，也是我国十大传世名画之一，现藏于北京故宫博物院。

❷ 北宋风俗画

《清明上河图》是一幅以长卷形式展现北宋汴京城内社会风情的风俗画。张择端通过散点透视的构图方法，展现了北宋都城东京（今河南开封）的热闹景象，让人感觉身临其境。

❸ 独一无二的画作

无论是在中国绘画史上，还是在世界绘画史上，《清明上河图》取得的艺术成就都是独一无二的。其丰富的思想内涵、高超的表现手法、重要的历史文献价值，让它成为经典之作。

《清明上河图》（局部）

提问

《清明上河图》是_____画家张择端的传世之作。
A 北宋　　B 南宋　　C 明朝

三彩载乐骆驼俑

① 惟妙惟肖

三彩载乐骆驼俑是盛唐时期的三彩釉陶器,1959年出土于陕西省西安市西郊中堡村唐墓,现藏于陕西历史博物馆。骆驼俑站在长方形底座上,驮着8个乐俑。其中7个男乐俑手拿乐器,中间站着一个正在歌唱的女乐俑。

② 唐三彩

唐三彩的全称是唐代三彩釉陶器,上面的釉彩并不是只有三种颜色,而是以黄、绿、白三色为主,因此被称为"唐三彩"。

三彩载乐骆驼俑

③ 开放与融合

丝绸之路加强了中国与西方的文化、经济交流。唐朝空前的开放程度吸引世界各地的人来到中国,带来了特色的异域音乐与舞蹈,三彩载乐骆驼俑体现了这一点。

> **提问**
>
> 三彩载乐骆驼俑是_____朝的文物。
> Ⓐ 唐　　Ⓑ 宋　　Ⓒ 元

了不起的书法

什么是"永字八法"

> 但这"永字八法",的确流传下来很长远了,并且它的方法,的确扼要地概括了一切字的笔法。
>
> ——潘伯鹰

❶ "永"字不简单

"永字八法"以"永"字的笔画顺序为例,说明了楷书的点画用笔,即点为"侧"、横为"勒"、直笔为"努"、钩为"趯"(yuè)、仰横为"策"、长撇为"掠"、短撇为"啄"、捺为"磔"(zhé)。

❷ 书法用笔的基本法则

"永字八法"被看作楷书的基本法则,后来成为中国书法用笔的基本法则。

❸ "永字八法"的典故

相传书法家王羲之曾日复一日地苦练书法,但他始终对自己的书法不满意。一天夜里,一个老人在他的手心写了一个"永"字,于是王羲之开始苦练写"永"字。坚持几年后,他在书法方面有了极深的造诣。

提问

"永字八法"强调点为"＿＿＿"。
A 侧　　B 勒　　C 策

什么是"五字执笔法"

> 手指的任务是执笔。除了"执"以外,并无其他任务。换句话说,指头执了笔不许乱转。
> ——潘伯鹰

❶ 书圣传承

"五字执笔法"是书圣王羲之和他的儿子王献之传承下来的执毛笔的方法,即擫(yè)、押、钩、格、抵。

❷ 擫、押、钩、格、抵

擫是指用拇指紧贴笔管内侧;押是指用食指第一指节紧贴笔管内侧,位置与拇指内外对应;钩是指用中指的第一指节、第二指节勾住笔管外侧;格是指用无名指挡住笔管;抵是指用小指托在无名指之下。

❸ 五字执笔法的要领

五字执笔法的要领为指实、掌虚、掌竖、腕平、管直。指实是指手指要有力量。掌虚是指执笔时掌心是空的。掌竖是指执笔时手掌要尽量竖起来。腕平是指手腕与桌面平行。管直是指要保持笔管与纸面垂直。

提问

五字执笔法是_____和他的儿子传承下来的执毛笔的方法。
A 王羲之　　B 王献之　　C 王夫之

什么是拓本

❶ 拓本的含义

拓本是指用湿纸紧紧地覆盖在碑刻或金石文物上,用墨打拓其文字或图形得到的墨本。

❷ 拓本的分类方法

拓本一般有两种分类方法:按照用墨可以分为墨拓本和朱拓本,按拓法可以分为乌金拓和蝉翼拓。乌金拓墨色厚重,很有层次感;蝉翼拓墨色较浅,通透淡雅。

❸ 最早的拓本

中国最早的拓本实物,始见于唐朝。现存的唐朝拓本极少,以柳公权的《神策军碑》和《金刚经》、欧阳询的《化度寺碑》等碑拓为代表。

> 拓本凝结了古代文化的精髓!

提问

唐朝拓本的代表有_____。
A《神策军碑》　　B《西岳华山庙碑》　　C《张猛龙碑》

什么是钩、摹、临

> 古人所以多出钩摹两套手法，当然因为印刷术不如今日的进步，复制品只有这方法才可以造。但也因为这样，所以学习得更仔细切实。
>
> ——潘伯鹰

❶ 钩

"钩"是指将油纸蒙在古碑帖或书法真迹上，然后用极细的笔画描画字的边缘，再用笔墨填充空白处，这便是所谓的"双钩廓填"。

❷ 摹

"摹"是指将半透明的薄纸放在钩填本上方，然后照着钩填本上的笔画写字。

❸ 临

"临"是指将书法真迹放在书案上，然后一边看一边在纸上对照着仿写。熟练了以后还可以"背临"，也就是不看真迹，凭自己的记忆和理解将字写出来。

提问

"临"相当于_____。

A 描笔画　　**B** 填充笔墨　　**C** 仿写

神奇的毛笔

> 为什么我们喜爱用中国的毛笔写字呢?这是因为我们的毛笔富于弹性,伸缩的幅度极大,最便于适用在线条上的缘故。
> ——潘伯鹰

❶ 什么是毛笔

毛笔是中国的文房四宝之一,是用兽毛制成的笔。一般用兔子、羊、鼬、狼、鸡、老鼠等动物的毛制作毛笔,分为硬毫、兼毫、软毫等。笔管一般用竹子或其他材料制成。

❷ 开笔和润笔

崭新的毛笔需要开笔,可以用温水将新毛笔的笔锋浸湿,或用手指从顶部逐渐将笔毫揉开。用过的毛笔再次使用前需要润笔,即用清水将笔毫浸湿,使其恢复韧性。

❸ 好毛笔的标准

评判毛笔好坏的标准是尖、齐、圆、健。尖是指毛笔蘸水或蘸墨后,下笔前和收笔后笔毫保持尖利;齐是指毛笔开笔后,笔锋整齐;圆是指毛笔蘸水或蘸墨后,笔毫根部和中部浑圆饱满;健是指笔毫变形后能迅速恢复原样。

提问

评判好毛笔的标准不包括_____。
A 尖　　B 滑　　C 齐

神奇的墨

> 墨的起源，至少不晚于殷商时代。西北科学考察团在发现"居延笔"的地方，还发现了一些木炭。古人就拿来磨了当墨使。这是后来出土的古物所证明的。
> ——潘伯鹰

❶ 什么是墨

墨是中国的文房四宝之一，即书写、绘画用的黑色颜料。墨的主要原料有煤烟、松烟、胶等。中国的古墨派别主要是徽墨和川墨。

❷ 好墨的标准

墨的优劣主要有 3 个评判标准，分别是"烟细、胶轻、色黑"。烟细是指墨的横断面上的气孔非常小或没有明显的气孔，质地细腻；胶轻指墨的胶质含量较低，墨水的黏稠度相对较轻，流动性较好；色黑是指墨的色泽要非常黑，并且有光泽。

❸ 如何磨墨

磨墨时，要保持墨体垂直，少量多次加水，宁少勿多。磨墨时要心静，慢慢地将墨汁研磨至浓稠。

提问

墨的优劣以"烟_____、胶轻、色黑"为标准。
A 粗　　B 细　　C 轻

五花八门的纸

> 除了纸之外，书画家所用尚有绫、绢之类。并且书画上用印的风气，也随着时代逐渐花样多了。对于书画的保存，还要讲究装背的方法。 ——潘伯鹰

❶ 麻纸

麻纸是中国最早用于书画的纸。中国现存最早的名人书法作品——西晋文学家、书法家陆机创作的《平复帖》所用的纸就是早期的麻纸。

❷ 宣纸

宣纸是一种供毛笔书画用的高级手工纸，因产地在安徽宣州（今安徽宣城）而得名。宣纸纸质纯白、细腻、柔韧、变形性小，还具有上佳的润墨性、耐久性，可以长期存放。

❸ 澄心堂纸

澄心堂纸是南唐时期的宫廷用纸，因南唐皇宫中有一处藏书处名为"澄心堂"而得名。特点是细薄光润，被认为是中国造纸史上最好的纸张。

提问

《平复帖》用的纸是_____。
A 麻纸　　B 宣纸　　C 澄心堂纸

五花八门的砚

> 古代人没有正式的砚石,用蚌壳作砚是很普通的。汉朝已有陶砚。中华人民共和国成立后,且有汉石砚出土。——潘伯鹰

❶ 什么是砚

砚是磨墨的工具,一般由石头制成。能够用来制作砚的石头,必定具备细、腻这两个特点。

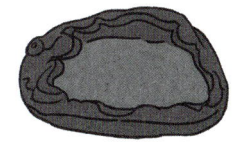

❷ 砚的发展

砚是由原始社会的研磨器演变而来的。最初,砚的外形十分原始、朴素。汉朝的砚上开始出现雕刻。从魏晋到隋朝,出现了圆形的瓷砚。唐宋时期,砚的造型更加多样化。

❸ 中国四大名砚

洮(táo)砚产自甘肃,通身碧绿,晶莹如玉,发墨快且不损伤笔毫。端砚产自广东,砚身坚实、润滑、细腻,磨出来的墨汁十分细滑。歙(shè)砚产自安徽,砚身纹理细密,磨出来的墨汁品质极佳,为历代文人所推崇。澄泥砚产自山西,是用特种胶泥烧制的,质地细腻,形制多样。洮砚、端砚、歙砚、澄泥砚并称"中国四大名砚"。

提问

_____不属于中国四大名砚。

A 端砚　　B 歙砚　　C 鲁砚

"书圣"王羲之

> 王羲之是精擅隶书,更以其中许多笔法变化移转到楷书和草书上最有成就的大家。事实上,自从有了他,中国的书法才形成了由他而下的一条书法大河流。
> ——潘伯鹰

❶ 书圣

王羲之,字逸少,东晋著名书法家。他自幼学习书法,代表作有《兰亭集序》《黄庭经》《乐毅论》等,享有"书圣"之美誉。

王羲之

❷ 天下第一行书

《兰亭集序》又称《兰亭序》《兰亭宴集序》,是王羲之于353年创作的行书作品,被誉为"天下第一行书"。

❸ 自成一家

王羲之的书法博采众书法家的长处,又结合了他本人的书法天赋,形成自成一家的独特风格。他尤其擅长隶书、草书、楷书、行书等。王羲之的书法成功摆脱了汉魏笔风的影响,风格自然、平和。

提问

王羲之享有"_____"之美誉。
A 书圣　　**B** 书仙　　**C** 书神

"小圣" 王献之

> 至于献之的造诣,从父亲得法是无疑的。他又兼取张芝,别创法度。由于他的天资高,使人觉得他下笔特别出众超群。所可惜者,死得太早。如若不然,他可能超出他的父亲。
> ——潘伯鹰

❶ 与父亲并称"二王"

王献之,字子敬,东晋书法家。他是王羲之的第7个儿子,擅长行书及草书。他被誉为"小圣",与王羲之并称"二王",又与张芝、钟繇、王羲之并称"书中四贤"。

王献之

❷ 乾隆收藏

王献之的墨宝遗留下来的不多。他的《中秋贴》虽仅存22个字,但气韵贯通,雄浑奔放,曾被乾隆帝收藏,与王羲之的《快雪时晴帖》、王珣的《伯远帖》合称"三希帖"。

❸ 墨迹变牛

除了在书法上颇有造诣外,王献之还非常擅长绘画。一次,东晋权臣桓温请他在扇子上题字,他不小心在扇子上滴了墨点,最终巧妙地将墨迹改画成小牛,得到了人们的赞扬。

提问

王献之与_____并称"二王"。
A 王夫之　B 王羲之　C 王徽之

楷书大家赵孟頫

> 赵孟頫（fǔ）起于宋末元初，但其书法竟欲超越了唐宋两代而直接二王。这是中国书史上一段奇特的光彩。他的天资和功力，皆臻极诣，是右军嫡乳。
>
> ——潘伯鹰

❶ 博学多才

赵孟頫，字子昂，号松雪道人、水精宫道人，元朝著名书画家。他以博学多才、能诗善文而著称。

❷ "楷书四大家"之一

赵孟頫的书法以王羲之、王献之为宗，笔法纯熟、风格秀逸。他尤其擅长楷书和行书，与欧阳询、颜真卿、柳公权并称"楷书四大家"。

赵孟頫

❸ 开创元朝新画风

除了书法，赵孟頫还在绘画领域有很高的成就。他开创了元朝的新画风，擅长画花鸟、山水、人物，被誉为"元人冠冕"。代表画作有《秋郊饮马图》《鹊华秋色图》等。

提问

赵孟頫开启了_____的新画风。
A 宋朝　　B 元朝　　C 明朝

"颜体"创始人颜真卿

> 在唐人法书之中，又可大约分为二阶段。前一阶段可以虞、欧、褚、薛等人为代表。……其后一阶段可以颜真卿、柳公权为代表。
> ——潘伯鹰

❶ 自创"颜体"

颜真卿，字清臣，唐朝著名书法家，擅长行书和楷书。他的楷书端正、雄伟，因书法风格独树一帜，被称为"颜体"；行书气势恢宏，对后世产生了很大的影响。

颜真卿

❷ 一代名臣

颜真卿是唐朝的官员，官至吏部尚书、太子太师，被封为鲁郡公。安史之乱期间，他率领义军对抗叛军，一度光复河北。

❸ 碑刻传世

颜真卿的传世书法真迹以碑刻作品为主，例如《多宝塔碑》《颜勤礼碑》《颜家庙碑》等。《颜家庙碑》是他晚年的代表作之一，笔力刚劲，气势恢宏，有人用"大、重、朴、厚、严"五个字对其进行评价。

提问

颜真卿擅长的字体不包括_____。
A 楷书　　B 行书　　C 小篆

"柳体"创始人柳公权

> 柳公权字诚悬,京兆华原人。他是著名的柳公绰的弟弟,柳仲郢的叔父。 —— 潘伯鹰

❶ 自创"柳体"

柳公权,字诚悬,唐朝著名书法家。他尤其擅长楷书,书法刚劲有力,自创独树一帜的"柳体"。柳公权与颜真卿并称"颜柳",后世有"颜筋柳骨"之美誉。

❷ 文采斐然

柳公权擅长作诗,出口成章,他的一些作品被收录在《全唐诗》中。他还留下了一部小说集《柳氏小说旧闻》,故事情节引人入胜,人物形象栩栩如生。

柳公权

❸ 心正笔正

相传唐穆宗曾问柳公权如何才能把字写好,柳公权回答:"用笔在心,心正则笔正。"这句话的意思是心思端正,下笔才能端正。柳公权的这句"笔谏"被世人传为佳话,他的书法成就与高尚的人格流传千古。

提问

柳公权尤其擅长_____。
A 楷书　　B 行书　　C 草书

"虞欧褚薛"都是谁

> 从中国的碑版上看去，我们以为真正十分成熟的楷书，到唐初才形成而臻极。我们提出虞、欧、褚、薛四家，正是代表这一特点的。
>
> ——潘伯鹰

❶ 虞欧褚薛

"虞欧褚薛"指的是我国初唐时期的四位杰出书法家虞世南、欧阳询、褚遂良和薛稷。

❷ 虞世南和欧阳询

虞世南，字伯施，擅长书法，代表作有《汝南公主墓志铭》《虞摹兰亭序》《破邪论序》等。欧阳询，字信本，和他的儿子欧阳通并称书法史上的"大小欧阳"，代表作有《九成宫醴泉铭》《化度寺碑》等。

❸ 褚遂良和薛稷

褚遂良，字登善，起初学习虞世南的书法，后期改学王羲之的书法，代表作有《孟法师碑》《雁塔圣教序》等。薛稷，字嗣通，书法代表作有《信行禅师碑》，他还擅长绘画。

提问

褚遂良前期学习_____的书法。
A 王羲之　　B 虞世南　　C 欧阳询

草圣怀素

> 僧怀素字藏真,长沙人。有人说他俗姓钱氏。……他写字非常用功,由于"贫无纸可书,乃种芭蕉万余株,以蕉叶供挥洒,名其庵曰'绿天'"。
>
> ——潘伯鹰

❶ 自幼出家

怀素,唐朝著名书法家,字藏真,与草圣张旭齐名,有"颠张醉素"之称。他自幼出家,一边学习佛法,一边学习草书。

怀素

❷ 李白盛赞

怀素的草书笔法劲瘦,线条流畅自然,仿佛骤雨疾风。李白在《草书歌行》中称赞怀素"草书天下称独步"。

❸ 怀素书蕉

怀素非常勤奋。因为买不起纸,他在寺院附近种了1万多棵芭蕉树。芭蕉长大后,他摘下叶子,铺在桌上用来练字。怀素没日没夜地练字,老芭蕉叶摘光了,新叶他又舍不得摘,于是他干脆站在芭蕉树前,直接在叶子上练字。不管风吹日晒,他一直坚持练习。

提问

"草书天下称独步"是_____称赞怀素的诗句。
A 王羲之　　**B** 李白　　**C** 杜甫

了不起的绘画

洛神赋图

❶ 顾恺之的传世之作

《洛神赋图》是东晋画家顾恺之的传世之作,也是我国历史上第一幅改编自文学作品的画作,以三国文学家曹植的《洛神赋》为原型。

❷ 连环画布局

《洛神赋图》整体采用类似连环画的布局方式,通过多个连续的画面呈现完整的故事情节。

❸ 乾隆盛赞

《洛神赋图》细致地描绘了曹植与洛神真挚纯洁的爱情故事。乾隆皇帝见到此画后拍案叹服,评价为"妙入毫巅"。

《洛神赋图》(局部)

提问

《洛神赋图》改编自_____的文学作品。

A 曹植　　**B** 曹丕　　**C** 曹操

女史箴图

> 绘画的历史开始于上古无文字时代,在文字记载上亦开始于周秦,但古代作品遗传至今日者……卷轴画最早的为晋代顾恺之的《女史箴图卷》。
>
> ——曹伯韩

❶ 源自《女史箴》

《女史箴图》是东晋画家顾恺之的名作,是根据西晋文学家张华的《女史箴》一文创作的。现在我们能看到的是唐代的摹本,藏于大英博物馆。

❷ 什么是"女史箴"

晋朝的女史是指身在宫廷的女性,"箴"的意思是规劝。据说晋惠帝时期,贾皇后依靠外戚势力掌控朝政,张华收集历代贤德妇人的事迹,写出这篇《女史箴》来劝谏贾皇后。

❸ 九个典故

《女史箴图》的九段画卷分别讲述了冯媛当熊、班姬辞辇、世事盛衰、修容饰性、同衾以疑、微言荣辱、专宠渎欢、靖恭自思和女史司箴的故事。

提问

《女史箴图》是_____的画作。
Ⓐ 顾恺之　　Ⓑ 吴道子　　Ⓒ 董其昌

游春图

> 自唐以降,发展之气运,其影响及于山水画。展子虔经北齐、北周,在隋为朝散大夫、帐内都督;画人物描法甚细,随以色晕开,人物面部神采如生,意度自足,可为唐画之祖。
> ——陈师曾

❶ 最古山水画卷

《游春图》是隋朝画家展子虔的作品,也是他传世的唯一画作,是我国现存最古老的山水画卷。

❷ 开唐代金碧山水之先河

《游春图》开唐代金碧山水之先河。它用青绿来描绘山水,用泥金来勾勒山脚,再用赭石渲染树干,呈现出别样的山水之美。

《游春图》

❸ 春日融融之景

整幅《游春图》通过对广阔山水之景的描绘,勾勒出一幅绿草如茵、碧波荡漾、鲜花绽放的春日美景。

提问

《游春图》是_____朝画家展子虔的作品。
A 隋　B 唐　C 宋

职贡图

> 元帝尝作《山水松石格》,有《职贡图》及《游春白麻纸图》。
> ——陈师曾

❶ 最早的职贡图

《职贡图》是我国历史上第一幅以外域职贡人员为描绘对象的卷轴画,也是我国绘画史上目前已知的最早的职贡图,原作者是梁元帝萧绎。

❷ 人物丰富

《职贡图》原图共描绘了35个人,现存的宋人摹本残卷中仅能看到12个,分别来自不同的国家。

❸ 梁元帝萧绎

梁元帝不仅擅长写诗,留下了很多文学作品,还擅长画画。《职贡图》是他任荆州刺史时画的。

《职贡图》(局部)

提问

现存的《职贡图》残卷上有_____个人。
A. 35　　B. 12　　C. 9

五牛图

> 中唐以及晚唐之画家……韩滉（滉字太冲，京兆长安人。德宗贞元初，检校左仆射、同中书门下平章事，封晋国公）善田家风俗，人物、水牛曲尽其妙，其显著者也。
>
> ——陈师曾

❶ 韩滉的代表作

《五牛图》是唐代画家韩滉的代表作，也是中国现存最早的纸本中国画，是中国十大传世名画之一。

❷ 五牛群像

《五牛图》描绘了五头神态各异的牛，它们有的行走，有的站立，有的低头，有的抬头……展现了牛勤劳、温顺的美好品德。

❸ 命运坎坷

1900 年，八国联军洗劫紫禁城，《五牛图》被劫走，下落不明。后来，香港企业家吴蘅孙将其买下。20 世纪 50 年代初，中国政府出资将这幅画购回，现藏于北京故宫博物院。

《五牛图》（局部）

提问

《五牛图》是我国现存最早的_____中国画。

A 纸本　　**B** 绢本　　**C** 丝本

挥扇仕女图

> 周昉字仲朗,京兆人也。好属文,穷丹青之妙。……其仕女大抵作秾丽丰肥之态。
> ——陈师曾

❶ 周昉的代表作

《挥扇仕女图》是唐代画家周昉创作的一幅描绘唐代宫廷妇女生活的画作。画中共有 13 个仕女,她们神情各异,柔美多姿。

❷ 时代画卷

周昉生活在唐朝由盛转衰的时代,当时社会矛盾日渐尖锐。他笔下的仕女似乎兴味索然,动作迟缓,内心十分寂寞与空虚。

❸ 仕女画代表

唐朝是仕女画繁荣发展的时期。周昉是著名的仕女画家,他笔下的《簪花仕女图》《挥扇仕女图》是唐朝宫廷仕女画的杰出代表。

《挥扇仕女图》(局部)

提问

《挥扇仕女图》共画了_____个仕女。
Ⓐ 11　　Ⓑ 12　　Ⓒ 13

照夜白图

> 古来称韩干画马"画肉不画骨"。彼之画马,与从来之画大异,自成一家。……干善写人物,尤工鞍马。初师曹霸,后独擅其能。 ——陈师曾

❶ 唐代画作

《照夜白图》是唐代画家韩干创作的纸本中国画,描绘的是唐玄宗李隆基的爱马"照夜白"。画上的"照夜白"被系在木桩上,昂首嘶鸣,鬃毛飞起,似乎想挣脱束缚。

❷ 西域宝马

相传,唐朝的和义公主嫁给了西域的宁远国王。为了表示感谢,宁远国王进献给唐玄宗两匹宝马。其中一匹毛色白亮,可以照亮夜空,故名"照夜白"。

《照夜白图》(局部)

❸ 以画马闻名

韩干是唐朝最擅长画马的画家。他在创作时坚持观察真马,创作出《洗马图》《凿马图》《八骏图》等一系列画作。

提问

《照夜白图》中的"照夜白"是＿＿＿的爱马。
A 唐玄宗　　**B** 唐太宗　　**C** 唐高宗

步辇图

> 唐初绘画界之著者,即为阎氏一门,父子兄弟皆以画名。阎毗事隋,其声早著。立德之弟立本,尤为其家白眉。……立本书画兼能,朝廷号为"丹青神化"。
>
> ——陈师曾

❶ 唐朝绘画的代表作

《步辇图》是唐朝著名画家阎立本的代表作,是我国十大传世名画之一。画面右侧是在宫女的簇拥下坐在步辇上的唐太宗,画面左侧前面的人是典礼官,中间的人是禄东赞,后面的人是通译者。整体色调典雅,线条流畅,是唐朝绘画的代表作。

《步辇图》(局部)

❷ 民族友好往来的见证

《步辇图》以吐蕃赞普松赞干布迎娶文成公主入藏为背景,描绘了吐蕃使者禄东赞朝见唐太宗,请求通婚的场景。《步辇图》是我国古代汉藏民族友好往来的见证。

❸ 阎立本

阎立本是唐朝著名的政治家、画家。他多才多艺,不但擅长绘画,对建筑也颇有研究。代表作有《步辇图》《历代帝王图》等。

提问

《步辇图》是_____画家阎立本的作品。

A 唐朝　　**B** 宋朝　　**C** 元朝

韩熙载夜宴图

❶ 顾闳中的代表作

《韩熙载夜宴图》是南唐画家顾闳中的代表作,以官员韩熙载在家中举办的夜宴为背景,详细描绘了夜宴上的热闹景象,包括琵琶演奏、观舞、宴间休息、管乐合奏、欢送宾客这五个场景。

《韩熙载夜宴图》(局部)

❷ 传说典故

相传南唐后主李煜的猜忌心很重,不信任从北方来的大臣。韩熙载也是从北方来的大臣,他怕自己被猜忌,于是故意纵情声色,迷惑李煜。李煜不放心,派顾闳中去韩熙载家里查探情况,画下他的所作所为,因此有了这幅《韩熙载夜宴图》。

❸ 顾闳中

顾闳中是南唐著名画家,擅长描绘人物的神情意态。代表作有《韩熙载夜宴图》《游山阴图》《雪村图》等。

> **提问**
>
> 《韩熙载夜宴图》是_____画家顾闳中的代表作。
> Ⓐ 南唐　Ⓑ 后唐　Ⓒ 晚唐

苹婆山鸟图

> 黄筌字要叔……尤长花竹、翎毛，写生悉画其神情。凡画花鸟，先勾勒，后填五彩。
> —— 陈师曾

❶ 黄筌的代表作

《苹婆山鸟图》是五代后蜀画家黄筌的代表作。画上画了三个绯红的苹果和一只站在树枝上的鸟。

❷ 黄筌

黄筌是五代后蜀画家，擅长花鸟画，画风明丽，自成一派。他的作品多描绘宫廷里的奇花珍兽。

《苹婆山鸟图》

❸ 花鸟画

花鸟画是传统中国画之一。一般来说，以花鸟鱼虫等为描绘对象的画就是花鸟画。

提问

《苹婆山鸟图》上有＿＿＿个苹果。

A 一　　B 二　　C 三

富春山居图

> 黄公望字子久,号大痴,又号一峰老人。其画多宗董、巨,喜合赭石、藤黄着浅绛色。——陈师曾

❶ 画中之兰亭

《富春山居图》是元朝画家黄公望的代表作,也是我国十大传世名画之一,享有"画中之兰亭"的美誉。

❷ 以富春江为背景

《富春山居图》以浙江富春江为创作背景,通过疏密相间的山水分布、浓淡相宜的设色,呈现出一幅极具变化性的山水美景图。画面呈现的"远山长、云山乱、晓山青"的意境,是画家心中压抑已久的人生态度和追求的展现。

❸ 黄公望

黄公望,字子久,元朝画家,在书法、音律、山水画等方面都有很深的造诣。传世画作有《富春山居图》《天池石壁图》《九峰雪霁图》《富春大岭图》等。

提问

《富春山居图》是_____画家黄公望的作品。
A 元朝　B 明朝　C 清朝

第302天　了·不·起·的·绘·画　　月　日

汉宫春晓图

> 仇英出于东邨之门，长于历史风俗图。其流丽细巧之风，为明代人物画之师范、有明一代之大家，当时画苑风靡。……至于发髻、毫金、丝丹、缕素，精丽艳逸，无惭古人。
>
> ——陈师曾

❶ 仇英得意之作

《汉宫春晓图》是明朝画家仇英绘制的重彩仕女画，是我国十大传世名画之一。这幅画是仇英的得意之作，享有"中国重彩仕女第一长卷"的美称。

❷ 汉代宫女生活情景

作为一幅人物长卷画，《汉宫春晓图》以汉朝宫女的宫廷生活场景为描绘对象，展现了她们装扮、浇灌、折枝、插花、歌舞、下棋等丰富多彩的生活情景，展现了积极向上的人生态度。

❸ 仇英

仇英，明朝画家，字实父，号十洲。本为工匠，尤其擅长仕女画。与沈周、文徵明、唐寅并称"明四家"。

《汉宫春晓图》（局部）

提问

《汉宫春晓图》是_____画家仇英的代表作。
A 明朝　　B 元朝　　C 清朝

秋风纨扇图

> 唐子畏名寅，又字伯虎，自号六如，吴人。……其学务穷研造化，奇趣时发，或寄于画。……行笔极秀润、缜密而有韵度。……由是观之，伯虎之画，其所师资甚博，不专守一家，远过其师者，又不独在艺能。
>
> ——陈师曾

❶ 唐寅的代表作

《秋风纨扇图》是明朝画家唐寅的代表作。这幅画描绘了一个美丽的仕女手执纨扇，站在湖石旁静静地看着某处，眉宇间流露出一丝淡淡的忧伤。

《秋风纨扇图》

❷ 秋风纨扇的典故

《秋风纨扇图》的创作灵感来自汉成帝的妃子班婕妤所写的《怨歌行》。班婕妤相貌美丽，颇有才华，深受汉成帝宠爱。后来，汉成帝被赵飞燕迷住了，冷落了班婕妤。班婕妤便在诗中用纨扇在秋天被弃置不用来比喻自己的命运。

❸ 唐寅

唐寅，明朝画家，文学家，字伯虎，号六如居士、桃花庵主等。绘画代表作有《落霞孤鹜图》《杏花茅屋图》《春山伴侣图》《秋风纨扇图》等。

提问

唐寅，字_____。
A 六如居士　　B 桃花庵主　　C 伯虎

八十七神仙卷

> 初唐人物画的画法，和六朝时代一样。到了中唐，发生变化。中唐善画像的是吴道子，他是绘画的革新家。——陈师曾

❶ 神仙画卷

《八十七神仙卷》相传是唐朝画家吴道子绘制的绢本白描长卷，现藏于北京徐悲鸿纪念馆。画中描绘了东华帝君、南极帝君等八十七位列队行进的神仙，形象刻画惟妙惟肖。

❷ 徐悲鸿盛赞

1937年5月，徐悲鸿买下《八十七神仙卷》，爱不释手，盖上了"悲鸿生命"印鉴。1942年5月，《八十七神仙卷》被窃贼盗取，不知去向。1944年，徐悲鸿在学生的帮助下又赎回此画。1953年，徐悲鸿去世，他的夫人将这幅画捐献给了国家。

❸ 吴道子

吴道子，唐朝著名画家，史称"画圣"。擅长画人物、山水、鸟兽、草木、楼阁等，也擅长壁画创作。

《八十七神仙卷》（局部）

提问

吴道子史称_____。
A 画神　　B 画仙　　C 画圣

百骏图

> 乾隆时有意大利人郎世宁,以洋法画中国画,阴阳凹凸显然逼真,此中西画合参之一新机轴。 —— 陈师曾

❶ 传世名画

《百骏图》是清朝时期的意大利籍宫廷画家郎世宁的画作,被誉为中国十大传世名画之一。这幅画上有一百匹骏马,每匹马的姿态都不一样,有的跪着,有的躺着,有的站着,有的在奔跑……笔触精细,立体感极强。

❷ 中西结合

郎世宁创作《百骏图》用的是中国的绘画工具,如毛笔、纸绢等,同时以欧洲的绘画技巧描画骏马,使画面看上去更加生动、真实。

《百骏图》(局部)

❸ 郎世宁

郎世宁是意大利人,他既是一位画家,也是一位天主教耶稣会的修道士。1715 年,他远渡重洋,来到中国传播天主教。到了中国,他得到康熙皇帝的赏识,成为宫廷画家。他历经康熙、雍正和乾隆三朝,从事绘画工作五十多年,还参与了圆明园西洋楼的设计。

提问

郎世宁是清朝_____籍宫廷画家。
A 法国　　B 意大利　　C 西班牙

有趣的传统音乐

什么是五音十二律

> 我国也从五音、六律、七律而达到十二律的发明。五音即宫、商、角、徵、羽。
> ——曹伯韩

❶ 五音

五音又被称作"五声""五声音阶",是指用"三分损益法"分出的宫、商、角、徵、羽五个音阶。宫调的音高最低,商、角、徵、羽的音高依次增高。

❷ 十二律

十二律是将一个八度分为十二个不同的半音的律制。从长到短依次为:黄钟、大吕、太簇、夹钟、姑洗、中吕、蕤(ruí)宾、林钟、夷则、南吕、无射(yì)、应钟。

❸ 三分损益法

"三分损益法"以"宫"音的琴弦为基础,"三分损一"即第二根弦比第一根短三分之一,发出的声音是"徵";"三分益一"即第三根弦比第二根长三分之一,发出的声音是"商";再"三分损一"即第四根弦比第三根短三分之一,发出的声音为"羽";再"三分益一"即第五根弦比第四根长三分之一,发出的声音为"角"。

提问

十二律不包括_____。
Ⓐ 大吕　Ⓑ 中吕　Ⓒ 小吕

什么是埙

❶ 七千年历史

埙是中国最古老的吹奏乐器之一,已有七千多年的历史。埙有很多种形状,河姆渡遗址曾出土椭圆形陶埙,仰韶文化遗址出土的陶埙则形似橄榄。

❷ 捕猎工具

埙最初可能是人们模仿鸟兽叫声制成的可以用来诱捕猎物的工具,后来逐渐演化成可以吹奏旋律的乐器。

❸ 伯埙仲篪（chí）

"伯埙仲篪"这个成语来自《诗经》。"伯"和"仲"代表兄弟之间年龄的顺序,"伯"代表老大,"仲"代表老二。"埙"是一种用陶土烧制的乐器,"篪"是一种竹制的乐器。"埙"和"篪"合奏时,声音非常和谐,常被用来赞美兄弟之间的和睦关系。

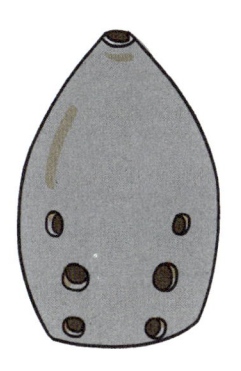

提问

埙是我国最古老的_____乐器之一。
A 打击　　**B** 吹奏　　**C** 弹唱

什么是筑

❶ 先秦"电吉他"

筑是中国古代的击弦乐器，很像拉长的电吉他。左手按着琴弦一端，右手拿竹尺敲击琴弦，它就会发出悲亢、激昂的声音。筑流行于先秦时期。

❷ 天下第一筑

宋朝以后，筑就失传了。人们只能在文献中看到它的身影，一直没有看过实物。直到1993年，考古学家在湖南长沙国王后渔阳墓发现了筑。渔阳筑被称为"天下第一筑"。

❸ 高渐离击筑

我国最早有文献记载的筑师是战国末年燕国的音乐家高渐离。公元前227年，燕太子丹命荆轲前往秦国刺杀秦王。高渐离在易水河畔为荆轲击筑送行，荆轲高声合唱"风萧萧兮易水寒，壮士一去兮不复还"。

提问

高渐离在易水河畔为_____击筑送行。
A 太子丹　　B 秦王　　C 荆轲

读一读

《史记·刺客列传》：酒酣以往，高渐离击筑，荆轲和而歌于市中，相乐也，已而相泣，旁若无人者。

什么是磬

❶ 伶伦造磬

磬是我国历史上最古老的石质打击乐器和礼器。相传黄帝命一个叫伶伦的人造磬，他挑选了一些片状的石材，将它们制成曲尺状，并在上面钻磨了一个小孔，然后悬挂起来，用敲击的方式便能演奏出美妙的音乐。

❷ 种类繁多

磬的种类很多，有玉磬、铁磬、铜磬、编磬、笙磬等。这些磬都是由1～16枚石片或铁片组合而成的，可以发出各种各样的声音。

❸ 地位象征

古代地位不同的人居室挂的磬有严格的等级区分。例如，君王居室的四面墙上都会悬挂钟和磬；诸侯居室南面不挂钟和磬；卿大夫居所只有东西两面挂钟和磬；士的居所只能悬挂磬，不能悬挂钟。

提问

古代士的居所只能悬挂_____。
Ⓐ 钟　Ⓑ 磬　Ⓒ 钟和磬

什么是古筝

❶ "东方钢琴"

古筝是一种拨奏弦鸣乐器,历史悠久。它的音域非常宽广,音色优美动听,具有非常强的表现力。古筝被称为"众乐之王""东方钢琴"。

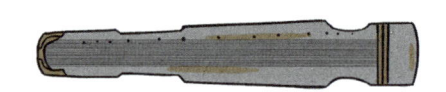

❷ 古筝的构造

古筝通常有二十一根琴弦,音域可达四个八度。古筝由面板、雁柱、琴弦、前岳山、弦钉、调音盒、琴足、后岳山、侧板、出音口、底板、穿弦孔组成。

❸ 五大流派

古筝是汉族的传统乐器。经过千百年的发展,形成了许多种不同的流派,其中山东筝派、河南筝派、浙江筝派、潮州筝派和客家筝派最著名。这些流派在演奏技巧、曲目选择、音乐风格等方面都有独到之处,各具特色。

提问

古筝被称为_____。
Ⓐ 东方之王　　Ⓑ 众乐之王　　Ⓒ 天下之王

什么是笙

> 我国雅乐中最重要的乐器,包括钟、鼓等敲击乐器,笙、箫等管乐器,琴、瑟等弦乐器三类。 ——曹伯韩

❶ 葫芦乐器

笙属于匏类乐器,也就是用葫芦制作的乐器。笙的历史非常悠久,《尚书》《诗经》中就有关于"笙"的记载。

❷ 现存最古老的笙

目前,我们已知的最早的笙是从湖北随县(今随州市)曾侯乙墓出土的一尊战国初期的彩漆笙,距今已有2400多年。笙斗是用葫芦做的,笙管和簧片是用竹子做的。

❸ 女娲作笙簧

传说,女娲用五色石和五色土将天补好之后,人们安居乐业,社会蓬勃发展,女娲看到一片繁荣的景象,决定给人们送一份礼物,便创造了"笙簧"。从此,人类的生活不再单调,有了音乐相伴。

提问

目前我们已知的最早的笙出土于_____墓。
A 曾侯乙　　B 海昏侯　　C 马王堆

什么是竽

❶ 形似笙但较大

竽也属于匏类乐器,形状和笙相似,但体积比笙大一些。据记载,汉代以前竽的音管大多数是三十六簧,后来减少至二十二簧或二十三簧。

❷ 五音之长

春秋战国时期,上到君王,下到平民百姓,人人都喜欢听吹竽,将竽尊为"五音之长"。隋唐时期,竽仅在雅乐中使用。宋朝,竽被笙替代。

❸ 滥竽充数

战国时期,齐宣王非常喜欢听乐团吹竽。根本不会吹竽的南郭先生混在乐团里,每天只是装装样子就能拿到高额的俸禄。后来,齐宣王死了,齐湣王继位。齐湣王也喜欢听吹竽,但是他喜欢听独奏。这可吓坏了南郭先生,他连夜就逃跑了。

提问

滥竽充数讲的是_____的故事。
A 南敦先生　B 南郭先生　C 北郭先生

什么是琵琶

> 唐代燕乐即梨园乐,是伴奏歌舞及简单戏剧的,以琵琶为主乐。 ——曹伯韩

❶ 弹拨乐器之首

琵琶是我国传统的弹拨乐器,已有两千多年的历史。琵琶有木制的和竹制的,共有四根弦,音箱像半个切开的梨子。演奏时通常竖抱,左手压弦,右手弹奏,可以独奏、伴奏、合奏。

❷ 琵琶的音色

唐朝诗人白居易在《琵琶行》中非常生动地描述了琵琶的音色:"大弦嘈嘈如急雨,小弦切切如私语。嘈嘈切切错杂弹,大珠小珠落玉盘。"

❸ 文曲与武曲

琵琶曲分为武曲、文曲、文武曲。武曲雄壮、恢宏,如著名的《十面埋伏》。文曲细腻、悠长,《昭君出塞》就是文曲的代表。文武曲即文曲与武曲结合,时而辽阔,时而悠扬,代表作有《阳春白雪》《高山流水》等。

提问

琵琶曲《阳春白雪》属于_____。
Ⓐ 文曲　　Ⓑ 武曲　　Ⓒ 文武曲

什么是二胡

> 近代戏曲，又受金元的影响，如胡琴等乐器，亦自蒙古而来。
> ——曹伯韩

❶ 擦奏弦鸣乐器

二胡也叫二弦胡琴，最早是唐朝末年北方少数民族奚族演奏胡乐时使用的一种擦奏弦鸣乐器。

❷ 形状各异

二胡主要由琴筒、琴皮、琴杆、琴轴、琴弓和琴弦组成。二胡的琴筒有很多形状，有圆形、六角形、八角形等，人们通常会根据琴筒的形状为二胡取名。

❸ 如歌如泣

二胡的音色很有特点，和人声很像，时而似低语，时而像高歌，如歌如泣，如诉如怨。我们耳熟能详的《二泉映月》《赛马》《良宵》《江南春色》都是二胡曲目的代表作。

提问

二胡原本是_____末年北方的奚族演奏胡乐时所用的一种擦奏弦鸣乐器。
A 唐朝　　B 宋朝　　C 明朝

什么是《霓裳羽衣曲》

❶ 唐玄宗所作

《霓裳羽衣曲》是唐朝宫廷乐舞，相传为唐玄宗所作。它是我国古代音乐舞蹈史上一颗璀璨的明珠。

❷ 宛若仙境

《霓裳羽衣曲》表现了唐玄宗飞升至月宫，见到仙女的神话故事，引用了不少神话的场景。其舞蹈、音乐都在着力塑造虚无缥缈的仙境和超凡脱俗的仙女形象，让人情不自禁地沉浸其中。

❸ 什么是霓裳羽衣

霓裳羽衣原本是指神仙穿的霓虹般的裙子和轻飘飘的羽毛般的衣服，现在常用来形容女子穿着打扮很好看。

> **提问**
>
> 《霓裳羽衣曲》是＿＿＿＿朝宫廷乐舞。
> A 宋　　B 唐　　C 明

什么是《高山流水》

> 我国器乐单奏，在周代即有俞伯牙《高山流水》的名曲，晋代亦有嵇康的《广陵散》。
>
> ——曹伯韩

❶ 战国古曲

《高山流水》是中国十大古典名曲之一，现存乐谱最早见于明朝的《神奇秘谱》。这首著名的古琴曲与伯牙遇知音的故事一起流传了两千多年。

❷ 飞向外太空

《高山流水》后被分为《高山》与《流水》两首乐曲。《流水》曾被录入唱片，于1977年随旅行者号探测器一起进入太空，在太空中播放。

❸ 伯牙绝弦

俞伯牙是先秦时期有名的琴师，琴艺高超。一次，俞伯牙在山间弹琴，恰好遇到了上山砍柴的钟子期。钟子期听俞伯牙演奏完《高山流水》，赞叹道："好像伟岸的泰山和滚滚东去的江河啊！"从此之后，两个人便把彼此当成知己，惺惺相惜。钟子期死后，俞伯牙不再弹琴。

提问

《高山流水》是_____创作的曲子。
A 俞伯牙　　**B** 钟子期　　**C** 嵇康

什么是六代乐舞

❶ 远古时期的乐舞

六代乐舞是中国远古时期的乐舞，集器乐、声乐、舞蹈为一体，包括黄帝时期的《云门大卷》、唐尧时期的《大咸》、虞舜时期的《大韶》、夏禹时期的《大夏》、商汤时期的《大濩》以及周初的《大武》。

❷ 祭祀歌舞

周朝制定礼乐，用于宫廷祭祀。《云门大卷》祭祀天神、《大咸》祭祀地神、《大韶》祭祀四方、《大夏》祭祀山川、《大濩》祭祀周的始祖姜嫄、《大武》祭祀周的祖先们。

❸ 文舞与武舞

《六代乐舞》分为文舞与武舞，《云门大卷》《大咸》《大韶》《大夏》属于文舞，舞者手里拿着乐器；《大濩》和《大武》属于武舞，舞者手里拿着盾、斧等兵器。

提问

《云门大卷》属于_____。
A 文舞　　**B** 武舞　　**C** 文武舞

什么是乐府

> 自汉武帝制定郊祀之礼,设立"乐府"——一个掌管乐歌的官署……于是可歌的诗,称为"乐府",其不可歌唱的诗,即称为诗,后世称之为"古诗"。
>
> ——曹伯韩

❶ 什么是乐府

乐府指中国古代的音乐官署,负责采集民间歌谣或文人的诗作,并配上音乐。朝廷祭祀或开设宴会的时候进行演奏。

❷ 比肩《诗经》

乐府采集的诗歌配上音乐,被称作"乐府诗"。这是继《诗经》之后,我国古代民间民谣的又一次大集结。

❸ 名篇传千古

乐府诗中有不少名篇,最为人熟知的有《孔雀东南飞》《木兰诗》,被称为"乐府双璧"。它们和唐末五代时期的《秦妇吟》合称"乐府三绝"。

提问

"乐府双璧"不包括_____。

A《孔雀东南飞》　　**B**《木兰诗》　　**C**《秦妇吟》

什么是吴歌

❶ 吴地民谣

吴歌是一种古老、优美的音乐形式,是对我国古代流行于吴地的民歌民谣的统称,距今有 3200 多年的历史,是国家非物质文化遗产之一。

❷ 类型丰富

吴歌主要由"歌"和"谣"组成,内容通常与爱情、生活、自然、家庭、友情有关,可以分为引歌、盘歌、劳动歌、时政歌、仪式歌、情歌、生活歌、历史传说歌、儿歌以及长篇叙事歌十类。

❸ 代表作

吴歌代表作有"四庭柱""一正梁"和"一金梁"。"四庭柱"指的是《薛六郎》《小青青》《陈瓦爿》和《金不换》;"一正梁"指的是《沈七哥》;"一金梁"指的是《华抱山》。

提问

吴歌主要由"歌"和"＿＿＿"组成。
A 曲　　B 谣　　C 乐

小知识

常与吴歌一同被提起的还有西曲。吴歌诞生于长江下游,西曲诞生于长江中游、汉水两岸。

什么是戏曲

> 元明清三代是中国戏曲成长时期，而在文学上看，则以元代的戏曲为地位最高。 —— 曹伯韩

❶ 五大剧种

中国戏曲起源于原始歌舞，是一种历史悠久的综合舞台艺术样式，经过长期的演变，逐步形成以京剧、越剧、黄梅戏、评剧、豫剧这五大戏曲剧种为核心的中华戏曲文化。

❷ 唱、做、念、打

唱、做、念、打指的是戏曲表演的四种艺术手段。唱指歌唱，做指舞蹈化的形体动作，念指具有音乐韵律性的念白，打指武打动作。

❸ 生、旦、净、丑

生、旦、净、丑指的是戏曲的四美角色。生指男性，旦指花旦，净指花脸，丑指滑稽人物。

提问

五大剧种不包括_____。
A 京剧　　B 黄梅戏　　C 昆曲

了不起的古代建筑

北京故宫

> 北京的故宫现在是首都的故宫博物院。故宫建筑的本身就是这博物院中最重要的历史文物。
> —— 林徽因

❶ 明清两朝的皇家宫殿

北京故宫旧称紫禁城,是明清两朝的皇宫,坐落在现在的北京南北中轴线的中心位置。北京故宫始建于1406年,1420年建成,先后有二十四位皇帝居住于此。

❷ 以南京故宫为蓝本

北京故宫以南京故宫为蓝本建造,占地面积约72万平方米,坐落着七十多座大大小小的宫殿,房屋足有九千多间,是世界上现存规模最大的古建筑群。

❸ 前三殿、后三宫

北京故宫主要由外朝和内廷两部分组成,外朝主要包括太和殿、中和殿和保和殿,内廷主要包括乾清宫、交泰殿、坤宁宫,形成"前三殿、后三宫"布局。后三宫东西两侧分布着供嫔妃居住的东六宫和西六宫。

提问

北京故宫建成后,先后有_____位皇帝居住于此。
A 二十四　　B 二十六　　C 二十八

第322天 了·不·起·的·古·代·建·筑

月　日

天坛

> 天坛是过去封建主每年祭天和祈祷丰年的地方……它也是过去辛勤的劳动人民用血汗和智慧所创造出来的一种特殊美丽的建筑类型，今天有着无比的艺术和历史价值。
>
> ——林徽因

❶ 祭祀场所

天坛，原名"天地坛"，始建于1420年，是明清时期帝王进行祭祀活动的重要场所，是中国现存最大的古代祭祀建筑群。

❷ 内外两坛

天坛分为内外两坛，主要建筑集中于内坛，由圜丘、祈谷坛、斋宫组成。天坛四周设有东天门、北天门、西天门、广利门、昭亨门、泰元门。

❸ 祈年殿

祈年殿是天坛的主体建筑。祈年殿的设计思想为"敬天礼神"，圆形的宫殿象征天圆，蓝色的瓦象征蓝天。

提问

天坛四周的门不包括_____。
A 东天门　　**B** 西天门　　**C** 南天门

北海公园

> 北海面貌最显著的改变是在一六五一年，琼华岛广寒殿旧址上，建造了今天所见的西藏式白塔。岛正南半山殿堂也改为佛寺，由石阶直升上去，遥对团城。这个景象到今天已保持整整三百年了。
>
> ——林徽因

❶ 帝王御苑

北海公园的前身是辽、金、元三朝的离宫，明清时期为帝王御苑，是中国现存最古老、最完整、最具代表性的皇家园林。

❷ 北海白塔

白塔位于北海公园的永安寺内，始建于 1651 年，是北海公园的标志性景点。白塔是一座藏式喇嘛塔，高 35.9 米，上圆下方，极具美感，是中国皇家佛塔的经典之作。

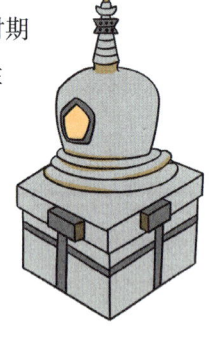

❸ 琼岛春阴

琼岛春阴是"燕京八景"之一。北海公园的琼华岛四面皆景，尤其以春天的美景更为动人，被金章宗命名为"琼岛春阴"。后来，乾隆帝命人在这里立了一座碑，正面刻着他亲笔题的"琼岛春阴"四个大字。

提问

"琼岛春阴"指的是琼华岛_____季的美景。
A 春　　B 夏　　C 秋

颐和园

> 北京西郊的颐和园,在著名的圆明园被帝国主义侵略军队毁了以后,是中国4000年封建历史里保存到今天的最后的一个大"御苑"。
>
> ——林徽因

❶ 皇家行宫御苑

颐和园坐落在北京西郊,是一座大型的皇家园林。它以昆明湖和万寿山为基址,以杭州西湖为蓝本建成,是我国保存最完整的皇家行宫御苑,被誉为"皇家园林博物馆"。

❷ 万寿山

万寿山属于燕山余脉,面朝昆明湖。以佛香阁为中心的建筑群依山而筑,十分壮观。

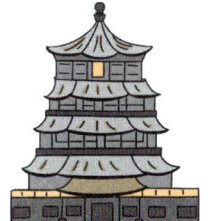

❸ 佛香阁

佛香阁建在高21米的方形台基上,是一座三层的八角建筑。1860年,佛香阁被英法联军烧毁。1891年,在原址重建。

提问

颐和园以昆明湖和_____为基址。

Ⓐ 苏州街　　Ⓑ 万寿山　　Ⓒ 大戏楼

第325天 了不起的古代建筑

天宁寺塔

> 北京广安门外的天宁寺塔，是北京城内和郊外的寺塔中完整立着的一个最古的建筑纪念物。这个塔是属于一种特殊的类型：平面作八角形，砖筑实心，外表主要分成高座、单层塔身和上面的多层密檐三部分。
>
> ——林徽因

❶ 密檐式实心塔

天宁寺塔是一座八角十三层密檐式实心砖塔，高约57.8米。主要由基座、平座、仰莲座、塔身、十三层塔檐、塔顶、宝珠和塔刹组成。塔身雕有精致、生动的花纹。

❷ 天宁寺

天宁寺始建于北魏孝文帝时期。1119年，寺后新建了一座八角形舍利塔，即天宁寺塔。元末，寺院被摧毁，只剩下塔。

❸ 实心塔和楼阁式塔

我国的古塔建筑按结构可以分为实心塔和楼阁式塔两种。实心塔是用砖石材料砌的实心体，不能登临，如天宁寺塔。楼阁式塔内有塔室，可以攀高望远，如大雁塔。

提问

天宁寺塔是一座_____角十三层密檐式实心砖塔。
Ⓐ 八　　Ⓑ 九　　Ⓒ 十二

第326天　了·不·起·的·古·代·建·筑　　月　日

北京鼓楼

> 鼓楼是一座很大的建筑物，第一层雄厚的砖台，开着三个发券的门洞。上面横列五间重檐的木构殿楼，整体轮廓强调了横亘的体形。
> —— 林徽因

❶ 什么是鼓楼

鼓楼是古代放置巨鼓的建筑，承担击鼓报警或报告时辰的作用。中国保存比较完整的鼓楼有西安鼓楼、北京鼓楼、南京鼓楼。

❷ 李崇设鼓楼

相传，鼓楼之制是北魏时期的李崇创建的。李崇任兖州刺史时，兖地有很多盗贼。于是，李崇命令每个村子都建一座楼，上面放一面鼓。一旦发现盗贼，就击鼓报信。

❸ 城市的中心

俯视元朝的京城大都（现北京），形状近似正方形，高大的鼓楼位于城市的中心。

提问

相传鼓楼是_____创建的。
A 李崇　　B 李治　　C 李世民

雍和宫

> 北京城内东北角的雍和宫,是二百十几年来北京最大的一座喇嘛寺院。……雍和宫的大布局,紧凑而有秩序,全部由南北一条中轴线贯穿着。
>
> ——林徽因

❶ 龙潜福地

雍和宫最初是清朝康熙帝赐予雍亲王的府邸。由于雍和宫出了雍正、乾隆两个皇帝,因此被人们看作"龙潜福地"。

❷ 府邸变寺院

1744年,雍和宫被改建为喇嘛寺,由三座牌坊、五间大殿组成,是清朝中后期众多佛教寺院中规格建制最高的一座。

❸ 白檀木弥勒大佛

雍和宫万福阁中的弥勒大佛是用一根完整的白檀木雕成的,通高26米,地面上高18米,地下埋有8米,十分宏伟。万福阁也由此得名"大佛楼"。

提问

雍和宫万福阁中的弥勒大佛通高_____米。
A 8　　B 18　　C 26

第328天　了不起的古代建筑

岳阳楼

> 古代封建主的某些殿宇是筑在高台上的，台和城墙有时不分——后来发展成为唐宋的阁与楼时，则是在城墙上含有纪念性的建筑物，大半可供人民登临。……如唐宋以来由文字流传后世的滕王阁、黄鹤楼、岳阳楼等。
> ——林徽因

❶ 建于东汉

岳阳楼位于湖南省岳阳市，与洞庭湖相邻，始建于东汉时期，与黄鹤楼、滕王阁并称"江南三大名楼"，是中国十大历史文化名楼、古代四大名楼之一，世称"天下第一楼"。

❷ 盔顶建筑

岳阳楼主楼坐西朝东，高19.42米，是一座盔顶建筑。使用盔顶造型的中国古建筑并不多见，现存最大的最出名的盔顶建筑就是岳阳楼。

❸ 什么是盔顶

盔顶是一种屋顶样式，特点是没有正脊，各垂脊交会于屋顶正中。盔顶的斜坡和垂脊上半部分向外凸，下半部分向内凹，断面如弓，呈头盔状。盔顶建筑把中国古建筑的曲线美发挥到了极致，体现了中国古代劳动人民的智慧。

提问

岳阳楼与_____相邻。
Ⓐ 洞庭湖　Ⓑ 太湖　Ⓒ 阳澄湖

黄鹤楼

> 宋画中最重要的如《黄鹤楼图》《滕王阁图》及《清明上河图》等等,都是研究宋建筑的珍贵材料。
>
> ——林徽因

❶ 建于三国

黄鹤楼位于湖北省武汉市,与长江相邻,始建于三国时期。

❷ 鹤翼造型

黄鹤楼高 50.4 米,飞檐五层,呈鹤翼造型,颇具特色。

❸ 崔颢的《黄鹤楼》

黄鹤楼吸引了众多文学家、诗人登楼题诗作文,其中最著名的是唐朝诗人崔颢的《黄鹤楼》:"昔人已乘黄鹤去,此地空余黄鹤楼。黄鹤一去不复返,白云千载空悠悠。晴川历历汉阳树,芳草萋萋鹦鹉洲。日暮乡关何处是?烟波江上使人愁。"

提问

黄鹤楼与_____相邻。
A 长江 **B** 黄河 **C** 珠江

滕王阁

❶ 始建于唐朝

滕王阁位于江西省南昌市，始建于唐朝，是唐太宗李世民的弟弟李元婴修建的。

❷ "明三暗七"

滕王阁主体建筑高57.5米，建筑面积为1.3万平方米。它的底部是12米高的台座，台座上的主阁为"明三暗七"模式，从外面看是三层建筑，但内部共有七层，分为三个明层、三个暗层及阁楼。

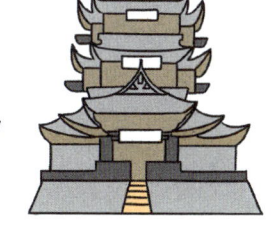

❸ "打卡"圣地

滕王阁自古便是文人墨客的"打卡"圣地。唐朝的王勃、张九龄、白居易，明朝的汤显祖，清朝的彭孙遹等人都曾到访滕王阁并留下名篇佳作。

> **提问**
>
> 滕王阁从外面看是三层建筑，实际上内部有_____层。
> Ⓐ 六　　Ⓑ 七　　Ⓒ 八

背一背

钟陵饯送

[唐] 白居易

翠幕红筵高在云，歌钟一曲万家闻。路人指点滕王阁，看送忠州白使君。

拙政园

> 明末私家园林得到极大发展，今天江南许多精致幽静的私园，如苏州的拙政园，就是当时林园的卓越一例。
> ——林徽因

❶ 建于明朝

拙政园位于江苏省苏州市，始建于明朝，是解官回乡的御史王献臣以大弘寺为基础建造的宅园。

❷ 苏州最大的园林

拙政园占地面积约 5.2 万平方米，是现存面积最大的苏州园林。全园分东、中、西三部分，住宅部分现为园林博物馆的展厅。拙政园以水为主，临水布置了高低错落的建筑，别有情趣。

❸ "拙政"的出处

"拙政"取自西晋潘岳《闲居赋》中的"筑室种树，逍遥自得……此亦拙者之为政也"一句。王献臣因仕途不顺，以"拙政"自嘲，称回家种种菜、养养羊，就是如自己这般笨拙的人的政事。

提问

拙政园是王献臣以大弘寺为基础建造的_____。
A 宝塔　　B 寺院　　C 宅园

承德避暑山庄

> 弘历几度南巡,带来江南风格;大举营建圆明园、热河行宫,修清漪园(今颐和园),在故宫内增建宁寿宫(今乾隆花园),给许多艺匠名师以创造的机会。
>
> ——林徽因

❶ 建于清朝

承德避暑山庄位于河北省承德市,始建于清朝,又名"承德离宫"。因当时承德还叫热河,所以承德避暑山庄也叫"热河行宫"。

❷ 第二个政治中心

清朝的康熙、乾隆两位皇帝在位时,每年约有半年时间会在这里度过。他们在这里处理重要的国家大事,因此承德避暑山庄被看作第二个政治中心。

❸ 七十二景

康熙帝建造避暑山庄,选取园中佳景,命名为"三十六景"。后来乾隆帝扩建避暑山庄,效仿康熙帝命名,增加了三十六景,合称避暑山庄七十二景。

提问

避暑山庄又名_____。
A 承德离宫　　**B** 热河行宫　　**C** 清漪园

莫高窟

> 石窟的制作受佛教之启迪,毫无疑问。
>
> ——林徽因

❶ 历时千年建造
莫高窟坐落于河西走廊西部尽头的甘肃省敦煌市。从十六国时期至元朝,前后共修建了上千年。

❷ 墙上的博物馆
莫高窟中的壁画内容丰富,有佛教尊像画、佛经故事画、佛教史迹画、经变画、神怪画、供养人画像、装饰图案画等。因此它被誉为"墙上的博物馆"。

❸ 飞天仕女图
莫高窟中的飞天壁画保存最完整、数量最多、风格最典型、艺术价值最高,影响也最大。据统计,莫高窟中的飞天壁画共有近六千身。其中规模最大的飞天长达两米。

提问

莫高窟前后修建了上_____年。
A 百　　B 千　　C 万

云冈石窟

> 云冈石窟所表现的建筑式样,大部分为中国固有的方式,并未受外来多少影响,不但如此,且使外来物同化于中国,塔即其例。
> ——林徽因

❶ 名字的由来

云冈石窟坐落于山西省大同市西郊,原名石佛寺、灵岩寺,后因武周山的最高处名为"云冈",遂改名为云冈石窟。

❷ 始建于北魏

云冈石窟始建于北魏,整体依山而建,东西绵延上千米,随山势的走向分为东区、西区和中区。

❸ 洞藏丰富

云冈石窟现存主要洞窟53个,洞窟中有大小各异的佛像5.1万余尊。其中最大的佛像高17米,最小的佛像仅有2厘米高。

提问

云冈石窟现存主要洞窟_____个。
A 17　　B 53　　C 209

第335天　了·不·起·的·古·代·建·筑　　月　日

长城

> 中国历代，修造长城，有几个时期。一为战国以前。齐国在其南边，造有长城，秦、赵、燕三国，亦在北边造有长城。后来秦始皇把它连接起来，就是俗话所称为"万里长城"的。
> ——吕思勉

❶ 始建于西周时期

长城最早于西周时期开始修筑，是中国古代的军事防御工事，以城墙为主体，与城、障、亭、标相结合。

❷ 万里长城

春秋战国时期是修筑长城的黄金时期。秦始皇统一六国后，连接、修缮了战国时期的长城，"万里长城"这个称号由此而来。

❸ 不到长城非好汉

毛泽东的《清平乐·六盘山》中有这样一句词："不到长城非好汉，屈指行程二万。"现在人们用"不到长城非好汉"比喻不能克服困难达到目的，就不是英雄豪杰。

提问

长城始建于_____时期。
A 西周　**B** 东周　**C** 后周

美丽的传统服饰

什么是冕

> 戴在头上的,最尊重的是冕。
> ——吕思勉

❶ 原来冕长这样

冕是中国古代传统冠饰之一,主要由冠圈、玉笄、冕纮、冕旒、充耳等部分组成。顶部有一块上黑下红、前圆后方的木板,象征"天圆地方"。木板后部比前部高出一寸,整体呈向前倾斜之势,象征君王关怀百姓。

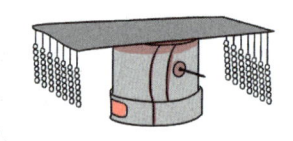

❷ 冕上的特殊装饰

冕前端垂着数条玉珠串,这就是冕旒。通常帝王的冕有十二条冕旒,诸侯的冕有九条冕旒,士大夫的冕有七条冕旒,下大夫的冕有五条冕旒。

❸ 戴冕之人非一般

最初,冕指古代帝王、诸侯、卿、大夫佩戴的礼帽。后来,冕特指帝王的礼帽,被看作帝王之冠。

提问

古代帝王的冕旒有_____条。
Ⓐ 七　　Ⓑ 九　　Ⓒ 十二

什么是弁

> 次于冕者为弁，以皮为之。
>
> ——吕思勉

❶ 次于冕的礼冠

中国古代的礼冠有等级之分，最高级的是冕，弁次于冕。中国古代的男子穿着礼服时需要戴弁，弁分为爵弁和皮弁。

❷ 祭祀时戴爵弁

爵弁又称文弁，一般只在祭祀的时候戴，它是士最高级的冠饰。由于"爵"字通"雀"字，所以也称为"雀弁"。

❸ 打猎时戴皮弁

皮弁通常是打猎时戴的。皮弁由白鹿皮缝制而成，针线的缝合处挂着玉石，玉石的数量和颜色是身份的象征。帝王的皮弁上挂着五彩玉，侯、伯、子、男的皮弁上挂着三彩玉，士的皮弁上不允许挂玉石。

提问

士的皮弁上＿＿＿＿＿＿。
A 挂五彩玉　　B 挂三彩玉　　C 不挂玉饰

什么是幞头

❶ 起源于头巾

古代普通百姓常用头巾来包裹头部。北周武帝时期对头巾做了改进,将方帕裁出四脚,两条系于脑后并垂下,两条反系在头上,这种样式的头巾被称作"幞头"。

❷ 样式众多

幞头样式众多,主要有平式幞头、结式幞头、软脚幞头、女巾幞头、圆顶直脚幞头、方顶硬壳幞头等。其中,女巾幞头盛行于唐朝,这与当时盛行女着男装有关。

❸ 乌纱帽

直脚幞头就是乌纱帽。直脚幞头以铁丝、竹篾制成两脚的支架,向左右延伸,又长又平。乌纱帽宋代时被用作官帽,据说是为了防止官员上朝时交头接耳而使用的。

提问

乌纱帽就是_____幞头。
A 平式　　B 结式　　C 直脚

什么是红缨帽

> 清朝的马褂、补服、马蹄袖、红缨帽等等，表现了满族服装的特征。　　——吴晗

❶ 女真族男帽

红缨帽源于金朝女真族的男帽，是对清朝男子所戴礼帽的通称，因帽顶有红缨而得名。

❷ 暖帽和凉帽

根据季节不同，红缨帽有暖帽和凉帽之分。暖帽主要在冬春时节戴，多以动物毛皮制成。凉帽在夏秋季节戴，多用各种草或藤丝、竹篾编织而成，无檐。

❸ 官兵的帽子

清太祖时期，曾禁止戴有帽缨的凉帽。后来，渐渐演变成只有官兵的帽子上才饰红缨。

提问

红缨帽是清朝_____戴的礼帽。
Ⓐ 女子　　Ⓑ 男子　　Ⓒ 儿童

什么是**深衣**

> 深衣的意思，是和现在的女子所着的衣裙合一的衣服差不多的。形式上是上衣下裳，实则缝合在一起。
> ——吕思勉

❶ 汉族礼服

深衣是中国传统汉服的一种制式，也是汉族的传统礼服之一。因其将衣、裳连在一起，能完全将人体包裹起来，便有了"被体深邃"这个说法，古人在此基础上将其取名为"深衣"。

❷ 起源于黄帝时期

深衣起源于黄帝时期，一直到东汉时期还被人们广泛使用。魏晋时期出现了袍衫，深衣逐渐被取代。

❸ 曲裾深衣

曲裾深衣也被称为"绕襟曲裾深衣"，是在深衣的基础上加了前襟，穿的时候要把前襟绕到后面系好。曲裾深衣通身紧窄，长至脚部，能完美地凸显女子婀娜的身姿。

提问

深衣起源于_____时期。
A 黄帝　　B 春秋战国　　C 东汉

什么是袍

> 《仪礼·士丧礼》疏，谓上下通直，不别衣裳者曰"通裁"，此为深衣改为长袍之始。后汉以后，始以袍为朝服。——吕思勉

❶ 男女通用

袍是男女都能穿的传统服饰，腰身宽松，长度过膝，既方便又舒适。刚开始，袍被人们当内衣穿；东汉时期，袍逐渐变成外衣。

❷ 旗袍

旗袍原为清满洲旗人妇女所穿的一种服装，部分学者认为其源头可以追溯到先秦两汉时代的深衣。虽然旗袍的定义和起源存在诸多争议，但它仍然是中国悠久的服饰文化中最灿烂的现象和形式之一。

❸ 袍泽之谊

袍泽之谊指战友之间深厚的情谊。为什么这样说呢？因为"袍泽"的本义是外袍和内衣，战友在军营中朝夕相处，同吃同睡，所以他们的情谊被称为"袍泽之谊"。

提问

袍泽之谊指的是_____之间的情谊。
A 同学　**B** 战友　**C** 夫妻

什么是衫

> 古代袍、衫不能为礼服,其外必再加以短衣和裳。
> ——吕思勉

❶ 起源于魏晋时期

衫起源于魏晋时期,是一种没有内衬的单衣,由轻薄的纱罗制成,穿在身上很凉爽,适合夏天穿。

❷ 缺袴衫

缺袴衫是一种开衩的短衫,长度在膝盖以上。因为方便穿着活动,深受唐、宋、明朝的百姓喜爱。

❸ 薄罗衫子

薄罗衫子是晚唐五代时期宫娥贵妇间流行的用纱罗制成的夏衣。通常做成对襟式样,两只袖子非常宽大,质地轻薄,穿上后可透出肌肤的颜色。

提问

由轻薄的纱罗制成的衫起源于_____时期。
A 战国　　B 魏晋　　C 宋明

第343天 美·丽·的·传·统·服·饰　　月　日

什么是襦

> 着在上半身的谓之衣。其在内的：短的谓之襦。长的，有着装棉，谓之袍。
>
> ——吕思勉

❶ 短衣

《说文解字》对"襦"的解释是："襦，短衣也。"简单来说，襦的本义是古人穿的短衣、短袄，可以当衬衣，也可以当外衣。

❷ 襦裙

明朝女子爱穿襦裙，上襦一般为长袖短衣，下面穿裙子，腰间加一条短小的腰裙或系一根宫绦。

❸ 宫绦

明朝时的宫绦由丝带编成，一般在中间打几个环结，系在腰上，下垂至地。有的还在中间串一块玉佩，以压住裙摆，使其不至散开而影响美观。

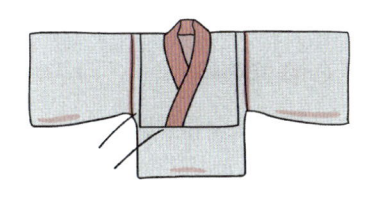

提问

襦的本义不包括_____。
A 短裤　　B 短衣　　C 短袄

什么是褂

> 民国以来,将平时所着的袍和马褂,定为常礼服。
> ——吕思勉

❶ 起源于明朝

褂起源于明朝,指罩在衣衫外面的长衣。褂有两种样式:一种长至膝盖,称作"长褂";一种长至胯部,称作"行褂",也就是俗称的"马褂"。

❷ 黄马褂

黄马褂是清朝的一种官服,起初是内大臣和御前侍卫所穿的行褂,后来也被皇帝赐给有军功的大臣,是荣誉的象征。

❸ 常服褂

清朝皇帝和大臣日常穿的褂子就是"常服褂"。皇帝穿的常服褂通常是石青色的,为圆领对襟式样,长至膝盖以下,绣着祥纹。

提问

马褂起源于_____。
A 唐朝　　B 宋朝　　C 明朝

什么是补服

❶ 补服的作用

补服是流行于明清时期的官服,又被称作"补褂""外褂"。其主要作用是对官职进行区分,通常用飞禽图案代表文官,用猛兽图案代表武官。

❷ 文官补服图案

不同官阶品级的文官补服的图案不同:一品为仙鹤,二品为锦鸡,三品为孔雀,四品为云雁,五品为白鹇,六品为鹭鸶,七品为鸂鶒,八品为鹌鹑,九品为练雀。

❸ 武官补服图案

不同官阶品级的不同武官补服的图案不同:一品为麒麟,二品为狮,三品为豹,四品为虎,五品为熊,六品、七品为彪,八品为犀牛,九品为海马。

提问

补服的别称不包括_____。
A 内褂　　B 外褂　　C 补褂

美·丽·的·传·统·服·饰

第346天　　月　日

什么是裳

> 这可见裈和裤,都是从裳变化出来的,裳在先,裈和裤在后。
> ——吕思勉

❶ 和裙子类似

"裳"与"上衣"相对,是遮蔽下肢的服装的统称。裳的形制与裙子相似。不同之处是,裙子多是一整片,而裳分前后两片,配有腰带,穿时系在腰上。

❷ 雨裳

雨裳是清朝皇帝及文武官员的礼服之一,是以毡、皮、羽纱或油绸等制成的围裳,朝会、狩猎期间遇上雨雪天气时,与雨衣配合穿着。一般束在雨衣内,长至脚部,以不同颜色区分等级。

❸ 衣裳

"衣裳"是上衣下裳的合称。上衣下裳为中国服饰最早的基本形式。现在人们把各种衣服统称为衣裳。

提问

雨裳以_____区分等级。
A 颜色　　**B** 长短　　**C** 材质

什么是裤

> 裳而加以裤管，短的谓之裈，长的谓之裤，所以《说文》称裤为胫衣。 ——吕思勉

❶ 原是内衣

古代的裤子大多以内衣的形式存在。裤子的雏形是春秋战国时期的"胫衣"，那是一种无腰无裆的裤子，男女都可以穿。

❷ 裆裤

裆裤即有裆之裤，有别于无裆的胫衣。裆裤起源于战国时期西域人穿的合裆裤，由赵武灵王引入中原。汉朝时，裆裤已成为百姓所穿的服饰。

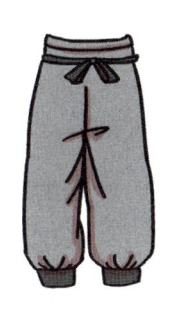

❸ 什么是"纨绔"

在古代，"裤"被写作"绔"或"袴"。纨绔指用细绢制成的裤子，泛指富家子弟的华美服饰，也借指游手好闲的富家子弟。

提问

合裆裤是由_____引入中原的。
A 赵惠文王　　B 赵孝成王　　C 赵武灵王

什么是裙

❶ 女子的下装

裙是在裳的基础上改良而来的。古人一般将裙子当作下装。穿裙子的习俗始于汉朝，当时男女都可以穿。后来，裙子渐渐成为女性的专属服饰。

❷ 种类丰富

古代女子的裙子样式十分丰富，有石榴裙、罗裙、笼裙、花间裙、百褶裙、凤尾裙、朝裙、马面裙等。

❸ 马面裙

马面裙是中国古代女子主要裙式之一，主要流行于明清时期。明朝的马面裙清新淡雅，清朝的马面裙华丽富贵，虽然经历了一系列变化，但它的"马面"结构一直没变。

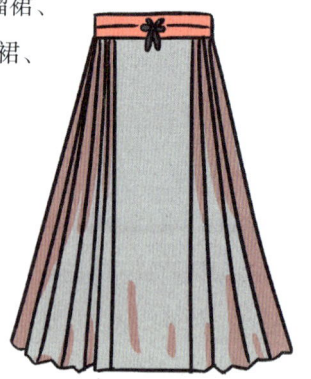

提问

裙是由_____演变而来的。
A 袍　　B 衫　　C 裳

第349天 美·丽·的·传·统·服·饰　月　日

什么是舄

❶ 最贵重的鞋

古代的鞋子与衣服一样，有严格的礼制规定。在各种鞋子中，舄（xì）最贵重，多为帝王、大臣所穿。

❷ 起源于商周时期

舄大约起源于商周时期。根据周礼规定，帝王及官员在不同场合，要穿不同的舄，且要与冠服相配。例如，祭祀的时候，帝王要穿赤舄。

❸ 双层鞋底

舄的底部与一般的鞋子不同。舄底有两层，上层用布做成，下层用木头做成。舄的鞋面一般用葛布或皮革等材料制作。

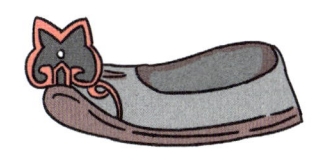

提问

周礼规定，祭祀时帝王要穿_____色的舄。
A 青　**B** 黑　**C** 赤

什么是履

❶ 单底鞋

履,先秦时期指单底鞋,后泛指各类鞋子。根据材质可分为丝履、革履、木履、帛履等。根据样式可分为平头履、凤头履、高头履、重台履、五色云霞履、玉华飞头履等。

❷ 平头履

平头履也被称为"平头鞋",鞋头不高翘。平头履有方形、方圆形、圆形三种样式。

❸ 高头履

高头履与平头履相对,因履头高翘而得名,盛行于唐朝,多为女性所穿。因为那时贵族女性喜欢穿裙摆拖地的裙子,高头履可将裙子的前襟抬起来,方便行走。

提问

高头履盛行于_____朝。
A 唐　　B 宋　　C 元

不得不知的传统美味

茶

> 刺激品次于酒而兴起的为茶。茶之本字为荼。……今呼早采者为茶，晚取者为茗。
> ——吕思勉

❶ 从解毒品到饮品

相传，茶叶刚被神农氏发现时，是用来解毒的。后来，越来越多的人喜欢茶叶的味道，于是人们开始种植茶叶。西周、东周时期，茶叶被当成菜食用。秦朝，人们招待客人的时候通常会泡茶。

❷ 六大种类

按照茶叶的色泽与加工方法，中国茶可以分为六大类，即红茶、绿茶、白茶、黄茶、黑茶、乌龙茶。

❸ 四大茶区

中国的四大茶区分别为长江中下游南部的江南茶区，长江中下游北部的江北茶区，包括云南、贵州、四川以及西藏自治区东南部等地的西南茶区，包括广东、广西、福建、台湾等省（自治区）的华南茶区。

提问

按照茶叶的色泽与加工方法，中国茶可以分为_____大类。
A 五　　B 六　　C 七

第352天 不·得·不·知·的·传·统·美·味   月 日

酒

❶ 杜康

相传是杜康是酿酒的发明者，后人便用"杜康"作为酒的代称。

❷ 有趣的酒令

酒令最早形成于两千多年前的春秋战国时代，分为俗令和雅令。俗令的代表是猜拳，雅令即文字令，如字词令、谜语令、筹令等。

❸ 曲粟酿酒

春秋时期，人们发明了曲粟酿酒，曲即酒母，又叫酒曲。酒曲酿酒法提高了酿酒的质量，缩短了酿酒过程，是科技史上的一大进步，领先欧洲一千多年。

提问

雅令不包括_____。
A 字词令 **B** 筹令 **C** 猜拳

背一背

短歌行（节选）
[东汉] 曹操

对酒当歌，人生几何！譬如朝露，去日苦多。慨当以慷，忧思难忘。何以解忧？唯有杜康。

饺子

❶ 民间小吃

饺子是中国的传统面食,距今已有一千八百多年的历史。它是由馄饨演变而来的,又被称作水饺子、角子,是中国北方人的主食之一。

❷ 医圣张仲景首创

相传饺子是东汉医圣张仲景发明的,最初被当作药物使用,做成"祛寒娇耳汤",具体做法是将羊肉、花椒和一些驱寒药材一起煮熟,然后捞出剁碎,用面皮包成耳朵状,吃了能防止耳朵冻烂。至今还有"冬至不端饺子碗,冻掉耳朵没人管"的说法。

❸ 大寒小寒,吃饺子过年

作为中国民间最主要的食物之一,饺子深受人们喜爱,成为重要节日、节气的必备美食,甚至有"大寒小寒,吃饺子过年"这种说法。

提问

相传饺子是_____发明的。
A 李时珍　　**B** 孙思邈　　**C** 张仲景

腊八粥

❶ 起源于宋朝

腊八粥又被称作七宝五味粥，是腊八节的传统食物。宋朝，我国民间已有腊八节喝腊八粥的习俗。徐珂的《清稗类钞》中记载："腊八粥始于宋，十二月初八日，东京诸大寺以七宝五味和糯米而熬成粥，人家亦仿行之。"

❷ 腊八粥的食材

做腊八粥一般要用很多种食材，最常用的有小米、黄米、红枣、桂圆、莲子、花生等。

❸ 佛教风俗

腊八节吃腊八粥这一习俗，据说是古代的佛教徒为了纪念释迦牟尼而形成的，所以腊八粥又被称作"佛粥"。

提问

腊八粥是_____的传统食物。
A 腊八节　　**B** 冬至　　**C** 寒食节

月饼

❶ 祭拜月神的供品

最初,月饼是中国古人用来祭拜月神的供品,又被称作月团、团圆饼等。在中国,祭拜月神是一项历史悠久的民间祭祀活动,它源于古人对月亮的崇拜和敬畏之心。

❷ "团圆"的象征

随着祭月习俗的发展,月饼逐渐具备"团圆"的寓意。人们会在中秋节品尝月饼,月饼逐渐成为中秋节的节令食品,成为"月圆人团圆"的美好象征。

❸ 丰富的月饼种类

月饼种类丰富,主要以传统月饼和非传统月饼两大类为主。其中,传统月饼有广式月饼、京式月饼、苏式月饼等,非传统月饼有法式月饼、冰皮月饼等。

提问

月饼是_____的节令食品。
A 中秋节　　B 元宵节　　C 端午节

背一背

水调歌头·明月几时有(节选)
[宋]苏轼

人有悲欢离合,月有阴晴圆缺,此事古难全。但愿人长久,千里共婵娟。

重阳糕

❶ 因重阳节而得名

重阳节是中国传统节日，指的是每年农历九月初九那天。人们会在那天登高赏菊、开展敬老活动。此外，人们还会品尝节令食品——重阳糕。重阳糕的名字就是从重阳节而来的。

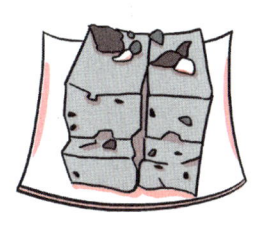

❷ 吃糕的寓意

重阳节有登高望远的习俗，但有时条件不允许人们登高。于是人们由登高联想到吃糕，便用吃重阳糕来代替登高，同样有"步步高升"的美好寓意。

❸ 做法因地而异

在中国，不同地方的重阳糕做法不同，其中最普遍的做法是将米粉、豆粉等食材进行发酵，加入大枣、杏仁以及糖等配料，蒸制而成。

提问

重阳糕因_____而得名。
A 重阳节　　**B** 寒食节　　**C** 端午节

背一背

醉花阴·薄雾浓云愁永昼
[宋] 李清照

薄雾浓云愁永昼，瑞脑销金兽。佳节又重阳，玉枕纱厨，半夜凉初透。
东篱把酒黄昏后，有暗香盈袖。莫道不销魂，帘卷西风，人比黄花瘦。

元宵

❶ 源于宋朝

吃元宵的风俗是从宋朝兴起的。北宋时期，人们会在元宵节这天相互赠送"圆子"，寓意"团圆"。1421年，明成祖朱棣迁都北京，元宵节的习俗也传到了北京，圆子改名为"元宵"。

❷ 元宵和汤圆不一样

元宵和汤圆的制作工艺不同。元宵是把馅料放到装满糯米粉的簸箕里不断翻滚，让馅料裹满糯米粉而成。汤圆是把馅料包在糯米粉里，经过反复揉搓而成。

❸ 如何煮元宵

煮元宵的小技巧是：轻轻捏，水开下，文火煮，点冷水，开三次。这样煮出来的元宵比较软，香甜可口。

提问

元宵是_____的节令食品。
A 中秋节　　B 元宵节　　C 重阳节

背一背

生查子·元夕
[宋] 欧阳修

去年元夜时，花市灯如昼。月上柳梢头，人约黄昏后。
今年元夜时，月与灯依旧。不见去年人，泪湿春衫袖。

第358天 不·得·不·知·的·传·统·美·味　　月　日

粽子

❶ 端午食粽

粽子是中国传统食物之一，历史十分悠久。它最初是古人用来祭祀神灵、祖先的贡品，后经发展和演绎，成为端午节的节令食品。

❷ 制作工艺

粽子以糯米为主要食材，搭配丰富的配料，用粽叶包裹而成。其外形以尖角状、四角状为主。

❸ 南北不同

粽子的馅料呈现出南北差异。北方粽子的馅料以大枣为主；南方粽子的馅料则非常丰富，有五花肉、豆沙、蛋黄、火腿等。

提问

粽子是_____的节令食品。
A 端午节　　B 中秋节　　C 重阳节

背一背

谢人送粽
[唐] 杨巨源

来时三月春犹在，到日端阳节又临。
珍重主人意勤腆，满槃角黍细包金。

春卷

❶ 两千年历史

春卷是一种有近两千年历史的中国传统食品。东晋时的春卷叫春盘。唐宋时期的春卷叫五辛盘。

❷ 立春吃春卷

立春吃春卷,又叫"咬春",是一种传统习俗。清朝人所著的《燕京岁时记》中记载:"是日,富家多食春饼,妇女等多买萝卜而食之,曰咬春,谓可以却春困也。"

❸ 关于春卷的传说

相传古代有个书生,为了赶考,整天埋头苦读,废寝忘食。他的妻子怎么劝他吃饭也没用,就想了个办法,把米磨制成薄饼,以菜肉为馅,包成卷筒形,既能当饭吃,又能当菜吃,十分方便。后来,这种小吃逐渐流行起来,被称作春卷。

提问

立春吃春卷,又叫作"＿＿＿"。
A 吃春 **B** 咬春 **C** 闹春

第360天 不·得·不·知·的·传·统·美·味

月 日

皮蛋

❶ 皮蛋的传说

相传明朝时期，苏州有一家小茶馆，掌柜为了图方便，把茶叶渣倒在炉灰堆上。他养的鸭子经常把蛋下在炉灰堆上，无意中变成了皮蛋。

❷ 制作皮蛋

在碱性溶液中，蛋白质会变性，皮蛋就是因此而来。现存最早的关于皮蛋制法的记载出现在明末戴羲的《养余月令》中："牛皮鸭子每百个用盐十两、栗炭灰五升、石灰一升，如常法腌之入坛。三日一翻，共三翻。封藏一月即成。"

❸ 药用价值

皮蛋不但味道可口，还有一定的药用价值。清朝王士雄的《随息居饮食谱》中记载："皮蛋，味辛、涩、甘、咸，能泻热、醒酒、去大肠火，治泻痢，能散能敛。"

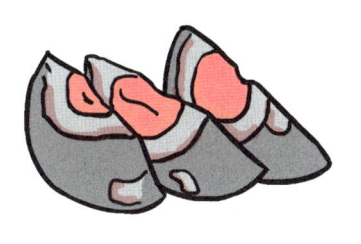

> **提问**
>
> 现存最早的关于皮蛋制法的记载出现在_____的《养余月令》中。
> **A** 戴羲　　**B** 戴卷　　**C** 戴誉

豆腐

> 比方"豆腐",就是把豆子磨细,用其他的东西来点,来试验;一次,二次……经过许多次的试验,结果点成浆,做成功豆腐。
>
> —— 胡适

❶ 刘安发明

相传豆腐是汉高祖刘邦的孙子刘安发明的。《本草纲目》中就有"豆腐之法,始于淮南王刘安"这样的记述。

❷ "东方龙脑"

豆腐洁白如脂,质嫩可口,营养丰富,有"植物肉"之美称。它也受到外国人的青睐,被称为"东方龙脑"。

❸ 点浆

点浆又称点脑、点卤,是指往加热的豆浆中加入凝固剂,使大豆蛋白质由溶胶状态转变为凝胶状态,这是制作豆腐的过程中最重要的一步。点浆的方式随豆制品的品种和凝固剂的种类而异。

提问

相传,豆腐是_____发明的。
A 刘邦　　B 刘备　　C 刘安

麻花

❶ 历史悠久

麻花是中国民间特色油炸面食小吃之一。做法是将两三股面条交织拧在一起,形成类似麻花的造型,通过油炸定型。麻花历史悠久,据说《楚辞》中记载的"粔籹蜜饵"便是麻花的原型。

❷ 不同的麻花

在中国不同的地方,有各种不同的麻花,包括稷山麻花、天津大麻花、苏杭藕粉麻花、伍佑麻花、咬金麻花等。

❸ 苏轼盛赞

麻花因制作简单,食用方便,历来被文人墨客大加赞誉。宋朝的大文豪苏轼就写了一首赞美麻花的《寒具诗》:"纤手搓成玉数寻,碧油煎出嫩黄深。夜来春睡无轻重,压扁佳人缠臂金。"

提问

麻花是中国民间特色_____面食小吃之一。
A 油炸　　B 蒸煮　　C 烤制

北京烤鸭

❶ 烤鸭的前身

中国人食鸭历史悠久,烤鸭作为一道中华名菜,最早的记载出现于弘君举所著的《食檄》中,当时名为"炙鸭"。

❷ 挂炉和焖炉

北京烤鸭的烤具分挂炉和焖炉两种。挂炉与焖炉的区别在于:挂炉使用明火,燃料为果木,以枣木为佳;焖炉使用暗火,燃料是木板条等软质材料。

❸ 讲究佐料

吃北京烤鸭的作料有三种:一是甜面酱加葱段,配上黄瓜条或萝卜条等解腻;二是蒜泥加酱油,也可配上黄瓜条或萝卜条,早年很受欢迎;三是白糖。

提问

_____不属于北京烤鸭的烤具。
A 挂炉　　B 焖炉　　C 铁板

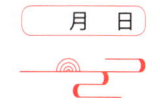

涮羊肉

❶ 始于三国时期

涮羊肉又称羊肉火锅，最早始于三国时期。当时已有铜制的火锅出现，人们用这种火锅涮肉吃，但并不是很流行。后来，随着烹饪技术的发展，火锅逐渐受到人们的欢迎。

❷ 忽必烈与涮羊肉

相传忽必烈在征战途中，突然想吃故乡的炖羊肉。着急的厨子急中生智，将羊肉切成薄片，放进开水中煮，一变色就捞出来，加一些简单的调料便端给了忽必烈。忽必烈吃了涮羊肉，浑身都是力量，结果大获全胜。

❸ 冬季与涮羊肉最相配

人们喜欢在冬季围着炉子吃涮羊肉，是因为羊肉有温补的功效，吃完浑身感觉暖洋洋的。《本草纲目》中记载，羊肉能暖脾胃、补中益气、开胃健力、镇静止惊，治虚劳寒冷、五劳七伤。

提问

羊肉有_____的功效。
A 温补　　B 除湿　　C 祛寒

金华火腿

❶ 宋高宗命名

相传南宋抗金名将宗泽将家乡美食腌猪腿献给宋高宗享用。宋高宗见腌猪腿色泽鲜红，吃着脆嫩奇香，食而不腻，听说其来自金华，就命名为"金华火腿"。

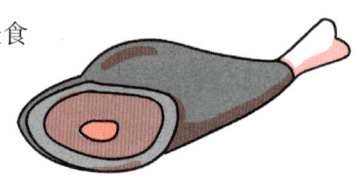

❷ 大海的馈赠

古时候，东南沿海一带经常发生洪灾。庄稼、牲畜及民宅常被洪水淹没。洪水退去以后，人们会不时在海边挖出淹死的猪。剖开后肉色红润，吃起来虽然有些咸，但十分鲜美。后来，人们学会了用盐腌肉的方法。

❸ 火腿的吃法

火腿的不同部位的做法也不同。火腿可以分为火爪、火蹄、腰峰和滴油四个部位。火爪和火蹄适合清炖，滴油适合烧汤，腰峰适合用来清蒸。

提问

火腿适合清蒸的部位是_____。
A 火蹄　　B 滴油　　C 腰峰